"一带一路"故事丛书 第一辑

共同梦想

A BRIGHT
SHARED FUTURE

商务部研究院 编

中国商务出版社

人民出版社

前　言

中国国家主席习近平在出访哈萨克斯坦和印度尼西亚时，先后提出共建"丝绸之路经济带"和"21世纪海上丝绸之路"的重大倡议。共建"一带一路"，遵循共商共建共享原则，秉持和平合作、开放包容、互学互鉴、互利共赢的丝路精神，以政策沟通、设施联通、贸易畅通、资金融通、民心相通为重点，开辟了世界经济增长新空间，搭建了国际贸易和投资新平台，拓展了全球经济治理新实践，为增进各国民生福祉作出了新贡献，为推动共建人类命运共同体贡献了中国方案。

从谋篇布局的"大写意"，到精谨细腻的"工笔画"，共建"一带一路"的壮美画卷徐徐展开，放发出新时代的灿烂光芒。共建"一带一路"倡议源于中国，更属于世界；根植历史，更面向未来。共建"一带一路"是各方共同打造、全球广受欢迎的公共产品，跨越不同地域、不同发展

I

阶段、不同文明，处处落地生根、开花结果，演绎着携手合作的繁荣景象，展现着共建人类命运共同体的强大力量。越来越多声音讲述着许多国家千百年梦想成真的故事，讲述着许多普通民众命运改变的故事，讲述着许多中国建设者在异国他乡无悔奉献的故事……这一个个故事，因人物真实而更显鲜活，因情感真切而愈加动人。

在实际工作中，我们有幸接触到大量这样的故事，亲眼看到合作项目落地后带来的巨大变化，亲耳听到普通民众的由衷赞美，亲身感受到共建"一带一路"的勃勃生机，深深为之感动。我们觉得有必要把这些故事记录下来、讲述出来、传播开来，与更多人分享发展的心声、圆梦的喜悦。

为此，我们组织中外专家，精心编撰《共同梦想——"一带一路"故事丛书》。期待丛书的出版，让更多人了解推动共建人类命运共同体的重大意义，了解中国人民梦想同世界各国人民梦想是息息相通的，了解共建"一带一路"是推动共建人类命运共同体的重要实践平台。我们希望越来越多的人受故事感染而产生共鸣，积极投身共建"一带一路"伟大实践，秉持共商共建共享原则，坚持开放、绿色、廉洁理念，按照高标准、惠民生、可持续目标，推动共建"一带一路"走深走实、行稳致远、高质量发展，共同走好和平之路、繁荣之路、开放之路、绿色之路、创新之路、文明之路、廉洁之路，携手共建持久和平、普遍安全、共同繁荣、开放包容、清洁美丽的世界。

"一带一路"故事丛书

编辑委员会

2019 年 10 月

目录
contents

I

马尔代夫的大桥梦

作者：路捷　杜才良

[马尔代夫] 侯赛因·萨斯尼姆

　　盛夏的夜晚，海岛的夜空被绚烂烟花照亮。马尔代夫举国欢腾，人们相聚首都马累，共同庆祝中马友谊大桥建成开通。

　　这是"千岛之国"马尔代夫的第一座跨海大桥。全长两公里的大桥将隔海相望的马累岛和机场岛相连，实现了马累岛、机场岛和胡鲁马累岛的连接。

　　通桥仪式上，时任马尔代夫总统激动地说："中马友谊大桥是两国长期友好的象征，是马中友好的里程碑。感谢中国政府提供的帮助，实现了马尔代夫人民拥有跨海大桥的百年夙愿！"

▼ 傍晚时分的中马友谊大桥

"金银岛"的祈盼

早在 10 世纪，马尔代夫就被称为"金银岛"。古丝路上的阿拉伯和波斯商人都将马尔代夫当作停靠港，把当地的珍珠、玛瑙、香料、椰子及鱼干等，带往世界各地销售。这里盛产的子安贝壳，是当时国际贸易使用的货币之一。

15 世纪，郑和率领的船队曾两度抵达马尔代夫，称其为"溜山国"。随行人员马欢所著《瀛涯胜览》中，描述马尔代夫为"伏在水下的山脉"，并对当地风土人情有过生动的记录——四面临海，岛屿不计其数，当地人多以捕鱼为生，制成的海产品远销印度和暹罗等地。当时的苏丹盛情款待了郑和船队，还派人跟随船队前往各地学习经商和技术。

斗转星移，世事变迁。

今天的马尔代夫美景依旧，醉人的风光更使它成为全球的旅游胜地。马累岛、胡鲁马累岛和机场岛所在的大马累地区，也展现出勃勃生机……但是，岛屿间只能通过船舶和水上飞机通行往来，马尔代夫的活力也难以充分释放。

当地人一直期待着，能有一座大桥凌空跨越，给美丽的马尔代夫添上一抹亮色……

▲ 晚霞中的马尔代夫海滩

但是，在珊瑚礁上建设跨海大桥，需要高昂的建设费用和极高的技术水平，而在马尔代夫，这些还无法实现，人们只能在梦里无数次祈盼。

当中国同意帮助马尔代夫建设这座跨海大桥时，当地很多人简直不敢相信——

马尔代夫的梦想，真的就要实现了吗？

从开工到建成通车，两年零八个月，975 个日日夜夜，无论烈日当空还是大雨倾盆，建设者们都在紧张地忙碌着。施工栈桥一天天向着大海彼岸推进，马尔代夫人也越来越真切地感受到，他们的夙愿正在一天天地接近现实。

联通美好生活

大桥建成了，大桥开通了。

那一天，岛上的居民兴奋极了。

一大早，首都马累，成百上千辆摩托车聚集在桥头，蔚为壮观。私家车、出租车、小货车也纷至沓来，熙熙攘攘。许多交警在路口维持秩序，人们都满怀期待，兴奋地等待着"首航"体验。

当桥头的绿灯亮起，人们迫不及待地踩下油门，向着大桥蜂拥而去，通往更加美好生活的大门打开了……

刚开通的那段日子，经常有人骑着摩托车在大桥两头

▼ 中马友谊大桥通桥当天景象

开过来又开过去，就为好好过把"大桥瘾"。大桥上，骑着摩托车的年轻人、开着车的情侣们、驾着小货车的商贩们，还有坐在车里的孩子们，脸上都洋溢着难以掩抑的喜悦。

马尔代夫有个浪漫的别称，叫作"上帝抛撒人间的项链"。现在，中马友谊大桥让这条项链更加光彩夺目、熠熠生辉了。

17 岁中学生玛莎有她自己的感想。

这个在马累岛维拉中学上学的小姑娘，家住在胡鲁马累岛。过去，她往返于两岛之间上学，只能靠渡轮。两个岛屿之间的海峡，经常是海浪翻滚，遇到风雨交加的天气，上学之路的艰辛难以用语言来描述。

"我总是迟到。学校早上 8 点上课，即使 5 点就起床，也不一定能按时到学校。"玛莎回忆起以前的情景，有着说不完的话。但自从有了大桥，玛莎和她的同学们再也不用担心上学迟到，也不用担心恶劣天气带来的危险了。过去上学是两三个小时的"苦旅"，现在她每天早上坐爸爸的摩托车，10 多分钟就能到达学校……

这座跨海大桥，也改变了大马累地区的交通格局。

当地开通了交通枢纽专线，9 辆崭新的公交车每天在桥上穿梭。一天 52 个班次，每 20 分钟一班，客流高峰时一天运送乘客 7000 人次，未来公交车还将增加到 22

辆。马累岛到胡鲁马累岛之间连接得更加紧密了。

"这是我们想都没想过的事。"公交车上，马累居民哈迪倍感高兴。此刻，他 3 岁的小儿子正透过车窗好奇地望着外面的风景，一脸的开心和淘气。哈迪轻松地说："现在随时可以带着他到桥那边的公园玩，要在之前，想去玩可太麻烦了。"

"青年岛"释放新活力

胡鲁马累岛，是马尔代夫著名的人工岛，也是马尔代夫最大岛屿，又被人们称为"青年岛"。大桥的建成通

▼ 远眺中马友谊大桥

车，为"青年岛"经济发展带来了更强劲的动力。

晴空澄碧，海天一色。23 岁的侯赛因开着小货车行驶在大桥上，惬意地享受着清爽的海风。作为五金配件公司的销售主管，侯赛因每天需要多次往返马累和胡鲁马累两地。今天看来普普通通的货物交易过程，在过去却十分艰难。"有一次我们运送一批零配件，光等船就等了 5 个多小时！"

"大桥开通后至少节约了 70% 的运输成本，现在一天往返四五趟不成问题，我们的业务已经在胡鲁马累岛全面铺开了。"侯赛因兴奋地说，"中国人建桥真厉害，非常感谢他们！"

胡鲁马累岛上的飞鱼餐厅，生意也变好了。"大桥通车后，来店里的顾客明显变多了，第一个月的客流量就增

长了 30%。尤其是周末，很多住在马累岛的人排着队来用餐，店员们都忙不过来。"餐厅领班盖斯说，"因为桥通了，很多马累岛的客人可以打电话向我们提前订餐，然后骑摩托车十几分钟过来直接取走。"

海风、涛声、椰子树，夜晚的胡鲁马累岛，充满温馨浪漫情调，忙碌一天的人们在这里悠闲地喝着咖啡。

"大桥，让我们的人气更旺了！就算到晚上 12 点，从马累岛过来的客人们也不用着急回家了！大桥太棒了！"34 岁的咖啡馆老板亚曼竖起大拇指称赞。

大桥打通了大马累地区的交通大动脉，让经济往来更加顺畅。如今，胡鲁马累岛中心区店铺林立，呈现出一种迥异于以往的繁华和热闹。

夜幕降临，大桥上的车辆依旧穿梭如织，在灯光的照耀下涌动着勃勃生机。

携手共圆大桥梦

这座当地人期盼已久的跨海大桥，从建设伊始就受到马尔代夫社会各界的高度关注。为了促进大桥建设的顺利推进，马尔代夫政府在项目实施过程中提供了诸多支持，总统府办公室牵头成立了项目协调委员会。

▲ 胡鲁马累岛的林荫大道

　　负责该项目的时任马尔代夫住建部部长每月都要到现场考察施工进度。当地学校、媒体也经常组织各种形式的参观、交流和采访。为了满足民众的观桥愿望，政府还专门在大桥旁边修建了观景平台。在大桥修建的两年多时间里，观桥几乎成了当地百姓的日常习惯，人们都对它充满好奇和期待。

　　大桥的建设者们不负马尔代夫民众的支持和期望，在超短工期内，战胜了接踵而至的各种挑战。在复杂的珊瑚礁地质环境下钻研最佳作业方案，在强烈涌浪条件下寻找可施工"窗口期"，在登革热肆意横行的危险条件下坚守岗位，在高温高盐高腐蚀性的环境下探索新工艺、新材料、

新技术……他们克服重重困难，助力马尔代夫实现了跨越海峡的梦想，在印度洋上建成了这座设计使用寿命 100 年的现代化宏伟桥梁。

这座宏伟桥梁，是两国友谊的美好见证。

马尔代夫 80 多岁高龄的前建设部部长汉·乌马尔·扎希尔视察大桥时动情地说："这是一座寄托了马尔代夫当地人民世纪梦想的大桥，在其他国家表示不可能时，是中国让我们的梦想变成了现实。"

项目概况

中马友谊大桥跨海连接马尔代夫首都马累和机场岛，总长约两公里。项目由跨海大桥、两岸接线工程、沿线附属设施、景观工程、桥梁助航标志及预留市政管线通道等组成。主桥全长 760 米，为六跨叠合混合梁 V 型刚构桥。大桥由中国援建，中交公路规划设计院有限公司实施项目管理，中交第二航务工程局有限公司负责建设。

2018 年，中马友谊大桥建成通车，在马尔代夫历史上首次实现了首都马累与其他岛屿的跨海连接，极大改善了当地居民的出行条件，进一步带动了大马累地区的经济发展。

塞尔维亚钢厂的重生

作者：胡一峰

[塞尔维亚] 波亚娜·思托克奇

在塞尔维亚东北部的工业城市斯梅代雷沃，很多人的人生梦想是从一家老牌钢厂开始的。

这座工厂成立于 1913 年，以前的名字叫斯梅代雷沃钢厂。在鼎盛时期，钢厂贡献了斯梅代雷沃市 40% 的财政收入，雇用了 5000 多名职工；另外，还有 1600 余家当地供货商，间接提供了 16000 多个岗位。许多家庭几代人都在这座钢厂工作。

走进工厂大门，就能看到外墙上巨大的标语——"塞尔维亚的骄傲"。"钢厂是这座城市的经济命脉，钢厂的生死决定着这座城市兴衰。"对于斯梅代雷沃市的居民而言，这座钢厂就是一座"梦工厂"。钢厂这些年波澜起伏的命运变化，留给当地居民刻骨铭心的记忆。

米罗的烦恼消失了

钢厂采购部第二原燃料科主任米罗斯拉夫·拉达诺维奇 15 年前来到钢厂工作。当时，钢厂刚以 2300 万美元的价格卖给一家外国企业，经营状况还算不错。米罗以为，自己既然进入一家大型企业，就会有稳定的生活保障。他畅想着自己未来的幸福生活，还买了块地，计划盖一栋房子，生儿育女。

不料，2008 年国际金融危机爆发后，钢厂很快就走了下坡路。订单不断减少，开始连年亏损，日子越来越难过，甚至到了只有一个高炉运行、勉强维持生产的地步。那段时间，工人们整天都在为自己和家庭担心，几乎看不到希望。

2012 年，情况变得更糟。这家外国企业宣布撤资，塞尔维亚政府以 1 美元重新收回钢厂所有权，一边维持钢厂运营，一边寻找新的投资者。

钢厂虽然恢复了生产，但由于设备老化等原因，连续多年产钢量不足设计能力的 1/3。再加上产品单一，附加值低，一年至少亏损 1.2 亿欧元。为了维持钢厂的生存，职工的工资被降了两次。工人们心里都知道降薪是不可避免的，只能无可奈何地接受，日子过得真苦。

米罗的工资减少了，再加上不能按时发放，原来有意向他提供贷款的银行也改变了主意，他只好凑合住在刚盖起来的半毛坯房里。就这样，米罗的梦想一个又一个地破灭了。巨大的生活压力让已经结婚 9 年的他都不敢下决心生养一个孩子……

2016 年 4 月，中国河钢集团有限公司与塞尔维亚政府签约，以 4600 万欧元的价格收购了斯梅代雷沃钢厂，更名为"河钢塞尔维亚公司"。接手后的第二个月，为了重整士气，公司给每人发放了奖金。这让米罗重新燃起了生活的希望。

2016 年底，经过不到 8 个月的努力，连续亏损 7 年的

▲ 幸福的米罗一家

钢厂有了很大起色，产销量均创 2010 年以来最高水平。

米罗又向银行贷款装修了房子。2017 年 5 月，他的女儿出生了。钢厂的变化让米罗的烦恼消失了，他的梦想正在一个个实现……

难忘的瞬间

从钢厂女员工玛利亚·佩特里奇的办公室望出去，道路一侧绿地上矗立的"HBIS Serbia"（河钢塞尔维亚公司）

巨型厂标便映入了眼帘。俯瞰脚下，多瑙河奔流不息，恰如塞尔维亚民族生生不息的历史过往。

不过，玛利亚说她办公室里最好的"风景"其实是一张珍贵的照片。玛利亚专门从网上下载下来，设为自己的电脑桌面。每当有重要客人来找她，她总会讲述一番照片的来历。

那是河钢塞尔维亚公司成立两个月后，中国代表团来钢厂参观，斯梅代雷沃市万人空巷。车队一进钢厂，就驶入了一片热情的海洋。塞尔维亚时任总统和总理在钢厂大门口热情迎接。钢厂工人及家属们翘首以待，夹道欢迎……

▼ 技术人员正在检测钢板成品质量

▲ 当地员工获奖

　　玛利亚充满激情的讲述中还透露了一个小细节：那时候，大家自发地把五星红旗放到了设备上。后来，这些小"装饰"就一直保留下来。她说："这是我们向中国表达友好感情的方式。河钢来了之后我们感觉都很好，工人的工资、工作状态以及钢厂的出口都得到了提升，大家都非常满意。"

　　玛利亚的看法代表了员工的心声，很多人都动情地说："随着中国朋友的到来，我们的工厂变好了，我们的生活有了希望。"

　　在斯梅代雷沃钢厂工作了 20 多年的戈兰·西米奇

说："中国的领导人能来我们钢厂，这是我们的骄傲和光荣！我和同事们对未来充满希望。我有两个儿子，我看好河钢，希望我的孩子们以后也能来钢厂工作。"后来，这个愿望真的实现了，不少塞钢"二代"通过公开招聘进入新塞钢工作。现在，河钢塞尔维亚公司中方派驻人员只有 9 人，其余 5000 多名员工几乎都是本地人，还有几名塞尔维亚同事担任公司高管。

▼ 河钢塞尔维亚公司产品

如今，高大宽敞的热轧车间内，机器轰鸣，热气蒸腾，生产线上正在轧制中的钢材不时呼啸而过。历经坎坷后，斯梅代雷沃钢厂最终在与中国的合作中，找到了重新激发活力的希望，揭开了历史新的一页。

激发活力的梦工厂

钢厂兴，城市兴。

河钢集团的收购，不仅让钢厂恢复了活力，也带动了整座城市的繁荣。

"钢厂状况最差的时候，每天都会遇到各种问题，大家不知道第二天还会不会有工作。让人高兴的是，中国企业来了。他们不断增加投资、加强管理，成本降下来了，效率也提高了。如今我的收入增长了30%，大家对未来很有信心。"钢厂员工弗拉迪米尔·伊利奇说。

派塔·瓦斯科的孩子们一直失业在家。随着钢厂效益的好转，当地的服务业也被拉动起来，几个孩子都找到了工作："河钢的到来改变了我们全家的命运。"

为了更好地带动当地经济发展，河钢塞尔维亚公司的投资、大修、改造等项目都鼓励当地的承包商和供应商参与项目投标，并在同等条件下优先选择当地企业，还与很

多当地企业建立起长期战略合作关系。

2018 年，河钢塞尔维亚公司全年产钢 176.9 万吨，实现销售收入 10.6 亿美元。钢厂的重生，对斯梅代雷沃市的经济社会发展产生了积极影响，激发了这座古老城市的活力。

现在，每月的 1 号和 15 号，钢厂的同事们都会对彼此说，"明天超市见！"因为这两个日子大家都能按时领到工资。收入的稳定与增长，让人们有信心规划自己的未来，憧憬美好的生活。得益于钢厂的发展，当地的教育、医疗卫生、交通运输及其他生活条件都得到了明显的改善。更令人欣喜的是，现在，斯梅代雷沃市的新生儿出生率在塞尔维亚排名第一。

新生儿们带来的是人们对未来的希望。钢厂的重生则给斯梅代雷沃市重现繁荣、蓬勃发展增添了信心和力量。这里的人常说，"朋友是时间的果实"。的确，时间会见证中塞两国员工的共同努力，打造"梦工厂"更美好的明天。

项目概况

2016 年 4 月，中国河钢集团同塞尔维亚斯梅代雷沃钢厂签署收购协议，成立河钢塞尔维亚公司，保留其 5000 多名员工。

河钢接手斯梅代雷沃钢厂后，利用技术、管理、市场等优势资源，从战略规划、组织管控、资源调配、资金投入、成本控制、风险防控等方面进行调整优化，仅用不到 1 年时间，就扭转了钢厂连续 7 年亏损的局面，综合竞争力实现跨越式提升。

3 年来，河钢塞尔维亚公司累计投入近 2 亿美元实施大规模技术改造。目前，钢厂多项生产指标突破历史纪录，整体技术水平显著提升。

河钢塞尔维亚公司坚持"用人本地化、利益本地化、文化本地化"的原则，开启了中塞两国产能合作的新篇章，也为增进中塞传统友谊做出了新贡献。

致富菌草扎根斐济

作者：任飞帆

[斐济] 阿帕伊蒂亚·拉瓦加·马克纳威

[斐济] 阿特勒尼·卡鲁玛拉

在联合国总部的一个专题研讨会上，现场嘉宾正在热议一种神秘植物。斐济、莱索托、老挝、尼日利亚等国的官员对其赞不绝口。这种植物就是中国科学家历经数十年研究培育出的菌草。

什么是菌草？几乎所有人都会打个问号。

菌草是草的一个新类别，也是一种重要的农业资源。它的叶、茎、根都能被多样化利用，既可以防风固沙、改良土壤，又可以做菌料培育菌菇，还可以作为饲料喂养牲畜，形成"草""菌""畜"三物的循环方式。

位于南太平洋的斐济共和国旱季牲畜缺乏饲料，菌类产品完全依赖进口。中国无偿将菌草技术援助给斐济，一方面，让当地百姓学会了种菌草喂牲畜；另一方面，教会他们将菌草粉碎制成菌袋，再用菌袋培育食用菌和药用菌，自己食用或到市场上销售，使菌草真正成了这里百姓的脱贫草、致富草！

旱季的牛羊有草吃

斐济只有旱雨两季。每年旱季来临，中西部地区青饲料无法供应，牛羊掉膘严重，养殖户只好降价抛售，经济损失较大。旱季饲料匮乏成了影响斐济养殖业发展的大问题。

菌草植株高大，环境适应力强，产量高，粗蛋白含量相当于青储玉米，牛羊特别爱吃，非常适合作为斐济旱季的饲料。

为帮助斐济种植菌草，专家们克服重重困难从中国带来19株草种，又将每株草种一分为二，精心培育了38株菌草苗。如今，这38株菌草苗不断繁殖、扩大，不但繁衍出百亩草原，还源源不断地为斐济全国提供菌草苗。这促进了菌草种植面积的扩大，保证了旱季牛羊青饲料的供应。

▼ 植株高大的菌草

▲ 菌草种植区示范园

斐济远近闻名的杨嘎拉牧场，占地约 3000 英亩，是斐济重要的肉牛、肉羊供应基地。几年前，每当谈起牧场的经营情况，总经理艾德里安·拉姆总是摇头叹气。

那时候，牧场每到旱季就被青饲料短缺困扰。于是，他们就抱着试试看的心态，种植了 7 英亩菌草。几个月后，菌草生长茂盛，郁郁葱葱，洪水浸泡不倒伏，旱季来临不枯萎，可以全天候"通吃"，长期困扰他们的青饲料短缺问题终于找到了解决办法。实实在在体会到菌草的好处后，牧场员工们在中国专家帮助下，掌握了菌草扩大繁育技术，将菌草种植面积扩大到了 50 英亩。

如今，牧场存栏已经从仅有 1000 余头牛提高到 5700 余头牛，300 余头羊。拉姆兴奋地透露，牧场计划将菌草种植面积扩大到 1000 英亩，并大幅增加牛羊存栏数。他们已经申报了有机牛羊肉认证，下一步还打算出口肉牛呢！

菌草不仅受到大牧场的青睐，也得到小农户的钟情。默罕默德·萨喜姆在楠迪有几十英亩场地，养了 60 只山羊，110 只绵羊，还有 60 头牛。以前，一到旱季饲料短缺，他的牛羊草不够吃，体重都会降二三成，让他非常心疼。项目专家们免费给他菌草的草种，又教会了他种植技术。"现在，菌草旱季都长得老高，牛羊吃得膘肥体壮。"萨喜姆掩饰不住兴奋地说。

斐济能种蘑菇啦

"斐济不适合种菇类。"这是之前一个外国专家留下的断言。长期以来，斐济没有自己的食用菌产业，只能依靠进口。中国援助斐济菌草技术，打破了这种断言。这也难怪时任斐济农业部部长伊尼亚·塞鲁伊拉图先生格外重视，曾前前后后 36 次前往楠迪研究站视察菌草项目。

菌草技术来到斐济，解决了种植蘑菇的菌种和原料问题。但要成功种出蘑菇，还得先解决那个传统难题：怎样克服当地不适宜菇类生长的气候条件？专家们想出了一套好办法。

温度太高怎么办？在选好品种，选择适宜季节的前提下，挖个40厘米深的菌菇种植沟，把菌袋排在里面，再盖上一层薄薄的土"被子"，靠树荫遮挡直射的阳光。

空气干燥怎么办？定期给菌袋上的土"被子"洒水、盖薄膜保湿……

没有出菇室怎么办？椰子树、芒果林就是天然的菇场。

这些看似土得掉渣的方法，却让当地人看得懂、学得会、用得起。

▼ 种植菌菇农户丰收

短短几年，斐济的菌草菌业逐步发展起来，许多当地人自己第一次种出了菇，赚到了钱。斐济无法种菇的历史终结了。一朵朵菌菇成功培育的背后是中斐两国的精诚合作。迄今，斐济已栽培 100 多万袋菌菇，产值达 500 多万斐济元（折合人民币 1600 余万元）。

尽管土法养菇成绩斐然，但项目组并没有满足于此。他们还帮助斐济建设了现代化的生产基地。如今，走进中国援建的斐济菌草技术示范中心，一条年产 300 吨的菌草菇生产线映入眼帘。自动搅拌机、装袋机、锅炉和真空

▼ 斐济菌草技术示范中心

高压灭菌锅、无菌接种线、环境自动控制的培养和出菇系统……先进设备应有尽有，示范中心已成为太平洋岛国菌草菌业升级发展的"摇篮"。

歌声传达深厚情谊

这一天，纳维拉瓦村里突然响起了悦耳的歌声。

起初，是一位长者的独唱。他穿着布拉衫，银发白须，

面容慈祥。清亮的歌声仿佛是从天边飘来，又好像是泠泠的山泉，悠扬清雅。

后来，独唱慢慢变成了合唱。人们都站起来，表情虔诚。没有指挥，没有伴奏，但大家依然是那么的默契。虽然项目组的专家听不懂他们在唱什么，但语言不通也没关系，因为音乐就是世界通用的最美的语言……

这是发生在第 20 期种植技术培训班上的一幕。村民们在培训结束后，以真挚的歌声表达了自己对中国专家的感激和留恋之情。

这样的培训在当地举行了很多期。教室没有桌椅，讲课的、听课的都席地而坐。然而，这丝毫没有影响大家的热情，专家们讲得认真，村民们也记得仔细。

▼ 斐济风光

为了帮助斐济人民更好地掌握种植技术，项目组的专家们经常深入偏远地区进行示范种植、技术培训和技术指导。道路崎岖不平的山区，漂洋过海才能到达的偏僻小岛，处处都留下了中国专家的身影。

"一颗花蕾将孕育出千百万个果实。"这是斐济著名的谚语。一株株种草，也孕育出千百万的菌草、菌菇，植根斐济大地。小小的种草结下的不只是果实，更有友谊和深情。

在斐济，上至总统，下至百姓，对此都感同身受。

第34届联合国粮农组织亚洲及太平洋区域会议在斐济楠迪举行期间，斐济总统乔治·孔罗特专门到菌草项目的展台，与在场的中国专家一一握手。

总统拉着专家组组长林占森的手，十分自豪地对在场的联合国粮农组织总干事说："这是菌草项目的专家组长，是我的老朋友，他是个好人。菌草项目在斐济发展得很好，对斐济帮助很大。"

共同致富之路

菌草技术诞生于中国福建，巴布亚新几内亚是菌草技术对外援助的第一站。

2000年，中国福建省与巴布亚新几内亚东高地省签署

了菌草技术项目协议书。东高地省许多农户都通过菌草菇项目获得丰厚收入。巴布亚新几内亚前国防部部长卡拉尼甚至把自己女儿的名字改为"菌草"，并在报纸上公布。

从那时候起，开始有越来越多的人认识和了解菌草，也有越来越多的人依靠它，走上了脱贫致富的路。

有人说她是野草

有人说她是生命

她是食物，她是药物

她是希望之物……

这是一首由莱索托女性菌菇合作社自创的莱索托民歌，歌唱的正是菌草。莱索托全国超过半数人口生活在贫困线以下。中国无偿提供菌草技术援助，使得数千名莱索托民众能够通过种植菌草，逐步摆脱贫困。

目前，卢旺达、厄立特里亚等 13 个国家建立了菌草基地，这株神奇的"绿色使者"已经在那里生根发芽。菌草技术作为中国对外援助技术已传播到 106 个国家。伴随着菌草种植面积的扩大，友谊的种子在更多国家播撒，不仅带去了遥远东方国度的善意和温暖，也种下了对美好生活的希望和憧憬。

项目概况

菌草技术是福建农林大学林占熺教授发明的一项由中国人完全拥有知识产权的原创技术。

中国在菌草技术领域援助斐济项目主要包括两部分——技术合作与援建技术示范中心。

援斐济菌草技术合作目前已开展两期，一期技术合作成功进行了8个食药用菌品种的示范生产，结束了斐济不能生产食药用菌的历史。二期技术合作于2017年12月启动，为期3年。援助内容包括派遣11名技术专家在斐济开展技术援助工作，在一期基础上扩大菌草示范种植，生产食药用菌，举办菌草技术培训班等，帮助斐济建立菌草产业。

菌草技术示范中心项目包括建设菌草加工车间、实验室、培训教室、学员宿舍等设施，建筑面积约3100平方米，苗圃面积约2万平方米。

中国援助斐济菌草技术合作项目对斐济增加就业、发展农村经济、消除贫困具有重要意义。2019年2月，斐济农业部把"优化利用菌草提高畜牧业生产力"作为促进斐济农业发展的5项新举措之一。该项目得到斐济社会各界的关注和肯定。斐济总统孔罗特、总理姆拜尼马拉马均视察过示范中心并给予高度评价，称赞菌草技术合作是好项目、中国援助人员是好朋友。

书写肯尼亚未来的蒙内铁路

作者：胡一峰

[肯尼亚] 珍妮·阿克特·奥吉约

朋友请听我讲，铁路的故事长又长。

它凝结的是友谊，它带来的是希望。

我的家乡，一天天更加美好；

我的同胞，一天天更加昂扬。

这是肯尼亚歌手苏迪演唱的歌曲《蒙内之歌——铁路修到了我家乡》。

他歌中唱到的铁路，指的是蒙巴萨到内罗毕的标轨铁路，也是肯尼亚独立以来建设的首条铁路。这条铁路东起港口城市蒙巴萨，西至首都内罗毕。

从开工到建成，蒙内铁路只花了不到三年时间，但对于整个肯尼亚来说，却是一个世纪的漫长等待……

世纪梦圆新铁路

从蒙巴萨到内罗毕原来有一条米轨铁路（轨距为1米），始建于1896年。由于年久失修，设备老化，这条铁路平均时速只有22公里，全程要耗费21个小时。而且运行很不稳定，一坏就要停好几天，还经常发生火车脱轨、撞伤动物等事故。

不仅如此，这条米轨铁路还无法满足蒙巴萨港的发展

需求。作为非洲东部最大港，蒙巴萨港拥有 17 条国际航线，与全球 80 个港口有业务往来，大部分东非货物都从这里进出。因为米轨铁路运力不足，货物大多依靠公路运输，经常发生公路货运过载、港口货物滞港的情况，在一定程度上束缚了蒙巴萨乃至肯尼亚的发展。

拥有一条新的铁路，是肯尼亚整个国家和民众的世纪梦想。肯尼亚总统肯雅塔对此十分关注，亲自主持了蒙内铁路开工仪式，还带着相关负责人每季度到不同标段视察，多次召开现场办公会，在各方面予以大力支持。

2017 年 5 月 31 日，期盼已久的蒙内铁路终于迎来了全线通车。肯雅塔总统一行人登上首班列车，沿途受到数万民众的热烈欢迎。

▼ 蒙内铁路第一列火车通车

看着盛装出席、载歌载舞的民众，肯雅塔总统激动地说："122年了，肯尼亚人民终于有了新的铁路，我们将掀开新的一章。"从当晚到次日凌晨，肯雅塔总统难掩心中喜悦，连续发出5篇通告，介绍"实测"蒙内铁路的体验。

"国家骄傲"女司机

蒙内铁路的开通，也改变了像艾丽斯这样普通人的生活轨迹。她是肯雅塔总统试乘列车的司机，也是肯尼亚史上第一位女火车司机。现在，她早已是肯尼亚家喻户晓的"大明星"。

回忆起那天的场景，艾丽斯仍然沉浸在喜悦和自豪之中，"蒙内铁路通车那天，肯雅塔总统称赞我们是'国家骄傲'。这要感谢中国，感谢蒙内铁路，使我们成了肯尼亚历史的书写者。"

艾丽斯曾在肯雅塔大学孔子学院学习汉语。2017年，经过层层选拔，她幸运地获得蒙内铁路火车司机的培训机会，和六名伙伴一起，远赴中国学习。经过50天的理论传授和模拟驾驶，他们熟悉并掌握了机车结构和工作原理，以及驾驶、检修与维护的标准程序。回到肯尼亚后，他们又反复演练实际操作，最终如愿以偿获得专业上岗资格证书，成为蒙内铁路的"掌舵人"。

▲ 靓丽的风景线

如今，倘若你有机会登上蒙内铁路的列车，你会看到，列车乘务员全部都是当地人。女乘务员们身着黄、红、黑三色套装，系金色丝巾；男乘务员穿深蓝色制服，系红、黑、绿（肯尼亚国旗颜色）三色领带。这些漂亮姑娘和帅小伙们，已成为蒙内铁路上靓丽的风景线。

授人以鱼，不如授人以渔。

在蒙内铁路的修建过程中，中国建设者们把知识、技术和经验，带到了遥远的非洲大陆，成了当地员工的朋友和师傅。负责建设运营铁路的中国路桥工程有限责任公司（简称"中国路桥公司"）还资助了 100 名肯尼亚高中优秀毕业生，前往中国接受铁路相关专业高等教育。此外，还在当地建立了人才培训基地和铁路学院，为肯尼亚铁路事业发展培养专业人才。

2017 年，《我的铁路我的梦》（*My Railway, My Story*）在肯尼亚国家电视台黄金时段首播。播出仅五天，观看人次就突破了 3000 万。一部纪录片，引起这么大的反响，就是因为参与铁路建设运营的人们看到了亲手缔造的光荣与梦想，找到了通往幸福生活的钥匙。

▼ 高高架起的蒙内铁路

绿色铁路

如果你是一只长颈鹿或者斑马，该如何迎接铁路，如何适应铁路对生活的影响？

这样的脑洞大开，对蒙内铁路的建设者们，并不稀奇。他们要的就是这种换位思考。

蒙内铁路穿越了肯尼亚最大的野生动物保护区——察沃国家公园，终点则是为数不多拥有自然保护区的首都——内罗毕。铁路沿线的大片区域中，栖息着非洲几乎所有的动物物种，自然生态环境异常珍贵。

动物到铁路边来散步，是常有的事。

如何让铁路与野生动物和谐相处，是蒙内铁路的建设者们一直在认真思考的问题。

在修建过程中，中国路桥公司以极为严苛的标准施工，并聘请专业公司开展环评。沿线取土及其他施工都在白天进行，天黑以后杜绝施工，以免惊扰动物夜间休息。在通过察沃国家公园时，为避免动物被列车撞死撞伤，蒙内铁路没有像米轨铁路那样直接铺在地面上，而是采用封闭式设计和高架桥方式，使动物得以安全通过。

为保护动物正常迁徙，建设者们还煞费苦心设计出 14 处大型动物通道，架设的桥梁高达 7 米，长颈鹿无须低头

▲ 动物穿越桥梁通道

就能通过。同时，建设者们还设置了 100 多个涵洞，既方便斑马等动物饮水，也方便小型野生动物穿过铁路。在公园和湿地路段专门设置了防护栅栏和高路基，防止顽皮的动物爬上铁路与火车相遇……

蒙内铁路部分路段穿越蒙巴萨的红树林湿地公园。施工团队专门划出生态红线，尽可能减少砍伐，并预埋多处过水管涵，确保海水能够正常浸润施工区域，保证红树林生长。施工结束后，红树林茂盛如常。

建设者们对当地自然生态的热爱和保护发自内心，无处不在。铁路修建过程中，还有不少感人的小插曲。

有一次，当地一头野生大象因饮水不慎，掉进丛林深处一个天然水坑中。蒙内铁路项目部接到肯尼亚野生动物管理局的求助信息后，派救援小组火速赶往事发现场。经过5个多小时的努力，野生大象被成功救出。

为此，肯尼亚野生动物管理局、世界野生动物保护协会、肯尼亚大型动物基金都专门对蒙内铁路项目部表达了谢意。

现在，在铁路两侧，长颈鹿、斑马、大象……还像之前一样优哉游哉地栖息嬉戏。有时候，它们也会抬头看一下身旁奔驰而过的列车。在它们眼中，这个高速奔跑的"大家伙"仿若亲邻，似乎一点也没有陌生感。

铁路和野生动物和平共处，其乐融融，这样的景致，让蒙内铁路有一种独特的美。

▼ 在草原上漫步的大象

驶入发展新时代

蒙巴萨西北约 150 公里处有一个沃伊镇，这是蒙内铁路沿线的重要节点，也是一个与铁路命运相连的小镇。当年，米轨铁路的修建促进了沃伊镇的繁荣。后来，随着米轨铁路的没落，沃伊镇也日渐衰落。

沃伊镇政府的退休官员马里在这里生活了近 50 年，目睹了沃伊镇的日渐萧条，心中十分难过。现在，蒙内铁路又让他对镇子的未来充满了期待。他说："很高兴中国人来这里修铁路，两年时间，镇子发生了翻天覆地的变化，随处可见安居乐业的人们。"

自从有了蒙内铁路，民众出行更加方便了。每张经济

车厢的全程票价只要 1000 先令（约合人民币 70 元），相当于在内罗毕的咖啡厅吃一顿午饭的价钱，这极大地带动了当地旅游业的发展。

以前，经营酒店的鲁托经常为生意不温不火而苦恼，一度还产生了把酒店关掉的念头。随着蒙内铁路开始修建，他感到希望来了。于是，他把酒店翻修一新。"铁路建成后，这里的经济发展会大不一样，来我酒店的客人一定会大幅增加！"他无限憧憬地说。

鲁托是个了不起的"预言家"！

现在，乘坐蒙内铁路火车成了游客争相打卡的"网红项目"。2019 年复活节期间，内罗毕至蒙巴萨的火车票提前 1 个月便销售一空，蒙巴萨的酒店入住率超过 90%。

美国有线电视新闻网旅游频道曾经为肯尼亚旅游推出了一期特别报道，向游客推荐到肯尼亚最值得做的 20 件事，其中"乘坐蒙内铁路列车"排在第五位。英国《每日电讯报》也将乘坐蒙内铁路列车作为 2019 年全世界最引人注目的 13 个铁路旅行之一。

蒙内铁路促进了当地物流业的发展。现在，货物上午在蒙巴萨装车，下午就能运抵内罗毕，物流成本最高降低40%，港口物资到东非腹地的运输效率大大提升。随着东非铁路网及配套基础设施的完善，整个东非地区的物流业都将盘活，各国经济合作与文化交流也会迈上新台阶。

▲ 蒙内铁路上各具特色的车站

蒙内铁路促进了当地经济的发展，提升了肯尼亚的国家形象，把肯尼亚带入了发展新时代。哈佛商学院代表团在考察肯尼亚时，特意乘坐了蒙内铁路列车，对中肯两国的合作很感兴趣，表示将把蒙内铁路作为哈佛商学院教学的经典案例。

▼ 满载希望的列车

如今，蒙内铁路、蒙巴萨港、蒙巴萨经济特区"三位一体"的发展格局，正如一幅令人振奋的工业化画卷，徐徐展开在人们面前……肯雅塔总统十分感慨地说，蒙内铁路将"书写未来100年的肯尼亚历史"！

早在1421年，中国明代航海家郑和的船队下西洋时，就曾到达东非海岸慢八撒，也就是今天的蒙巴萨，写就了古代海上丝路的光辉篇章。

将近 600 年后，蒙内铁路——这列满载友谊的快车，正在续写中非友好的故事，奔向充满希望的美好未来。

项目概况

蒙内铁路是肯尼亚实现 2030 年国家发展愿景的旗舰工程，也是独立以来最大的基础设施工程。该项目由中国路桥公司负责建设和运营。项目于 2014 年 12 月开工，提前两年半竣工，2017 年 5 月正式通车，被美国《工程新闻记录》（ENR）评选为 2018 年全球优秀铁路项目。

蒙内铁路每列货车牵引量为 4000 吨，可运载 108 个标准集装箱，最高时速 80 公里；每列客车额定乘员 1096 人，最高时速 120 公里。截至 2019 年 6 月 30 日，蒙内铁路已安全运营 761 天，累计运送乘客超过 300 万人次，货物量超过 500 万吨。当前，蒙内铁路日均开行 2 对（4 列）旅客列车，7 对（14 列）货车，客车平均上座率达到 90% 以上。

铁路建设过程中，超过 300 家当地企业参与建设，本地供应商数量达到 1200 多家，直接和间接创造了 46000 余个就业岗位。其中，当地员工占比超过 90%。该项目还为当地培养了 5000 多名铁路运营和维护人才。

我在希瓦古城修文物

作者：马李文博

[乌兹别克斯坦] 哈米江·阿塔巴耶维奇·巴巴耶夫

[乌兹别克斯坦] 阿布都拉·波尔塔波耶维奇·尤素波夫

"我愿出一袋黄金，只求看一眼希瓦。"

这句中亚的古谚，极尽希瓦古城的美丽。

希瓦古城地处乌兹别克斯坦花剌子模州，始建于公元10世纪。那时正是花剌子模帝国的强盛时期。希瓦古城犹如独一无二的历史纪念碑，向世人展示着花剌子模帝国昔日的文明和辉煌。

当年，驼队看到希瓦亮起的灯塔，就感到振奋。作为古丝绸之路上的重要驿站，这座古城就像一位饱经沧桑的老人，守护着漫漫商道千百年来的繁荣盛景，见证着东西方文明不断融合。

璀璨明珠亟待修复

希瓦古城是中亚穆斯林建筑的典范。城内保留有8座清真寺、31座经学院、14座宣礼塔、12座陵墓和6座王宫。各类建筑呈现了不同年代的建筑风格，具有重要的历史、文化和艺术价值。

电影《风囚狂沙》《奥兰多》《继承者》中，都留下了古城传奇而又独特的风貌。

希瓦古城全城都堪称文物，伊钦内城在20世纪90年代就被列入世界文化遗产名录，是乌兹别克斯坦拥有的4

▲ 希瓦古城风光

处世界文化遗产中入选最早的一处。但因年久失修，部分古建筑出现不同程度损毁。

阿米尔·图拉经学院与哈桑·穆拉德库什别吉清真寺是古城险情最严重、修复难度最大、技术要求最高的两处建筑。经学院建于 18 世纪 40 年代，200 多年来，只在 1983 年做过一些局部修缮。现在，经学院墙体裂缝越来越大，最大的开口达到近 30 厘米。东南角墙体持续倾斜下沉，下沉深度达到 50 厘米。哈桑清真寺建于 18 世纪晚期，同样破坏严重，地面、墙砖、墙体、木构件、木基层等均存在问题。

随着时间的流逝，建筑像老人的背渐渐弯了下去。如果再不立即对建筑进行整体修复，损失将无法补救。

为了保护希瓦古城，乌兹别克斯坦政府决定展开修复工作。应乌兹别克斯坦政府要求，中国的一支专业文物修复队伍——中国文化遗产研究院的工作组来到了这座丝绸之路上的重镇，并在这里扎根，和当地百姓一起开展古城修复项目。

修旧如"旧"

古城居民卡西莫夫深深地爱着这里。夕阳下，他总爱站在阿米尔·图拉经学院前，一边遥想这座古城当年的盛景，一边给孩子讲述希瓦的故事。

他在 20 世纪 80 年代就参加过古城局部的修复工作，对这里的施工条件了如指掌。听说中国工作组要来修复古城，他便主动申请做向导，工作组对他的加入也感到很踏实。

材料是修复的关键。

卡西莫夫主动联系朋友为项目准备了大量水泥和油漆。他还表示，因为这个工作很有意义，可以给工作组低于市场的价格。结果工作组既不用水泥，也不用油漆，要用传统材料。

▲ 阿米尔·图拉经学院

　　卡西莫夫听后急了，直接跑去质问工作组的中方工程师阎明："为什么不用新材料，难道你们要省钱吗？30 年前我就用新材料了！"

　　面对卡西莫夫咄咄逼人的质疑，阎明不急不恼："你忘了吗？你最希望的就是游客和你一样喜欢这里，能感受到这里悠久的历史。我们珍爱文物遗产的心情和你们是一样的。用传统的材料就是要把当时的历史信息，更逼真地保留给游客和我们的后代。使用现代工艺材料当然能够大大加快工程速度，但你想想，这就好像一个老人长着一张小孩的脸，会是个什么样子？"

阎明让卡西莫夫观察墙缝里多年前抹的已经损坏的水泥，又在旁边把另一处墙缝里的水泥剔除，用传统的工艺和传统的灰浆进行涂抹。然后让卡西莫夫自己对比，哪一种方法和原来的建筑更协调。

卡西莫夫只看了一眼就乐了，马上说："那我赶紧让朋友把水泥和油漆扛回去。"还调皮地踢了踢水泥说："你们啊，不能参与这项神圣的工作喽！"

加入修复团队后，卡西莫夫亲手把自己多年前用水泥抹的墙缝剔除，按照中国专家的方法进行修复。

技术也是修复的关键。

中方工作组经过认真研究，把中国历史古迹嘉峪关城楼的修复方法贡献了出来。

根据穹顶和墙面裂缝的宽度，及两块砖之间灰缝的变形程度，一点点、一处处重新砌砖抹缝，把裂缝弥补起来。仅这部分就用了整整 4 个月时间。

工作组还标本兼治，对墙体下面基础不均匀的地方，都进行了加固和修缮，防止建筑未来下沉，引起开裂。这

也是对文物进行最少干预的方法。

不仅如此，工作组还向当地居民和工人们介绍了中国的文化遗产保护技术和国际上主要的文化遗产保护理念。在耳濡目染中，工人们逐步掌握了修复文物建筑的技术，对中国工程师修旧如"旧"的修复理念也高度认同。

2019年，地基加固、本体维修的工作圆满完成。卡西莫夫看到，经学院的"腰板"渐渐挺直了，穹顶严丝合缝了。他自出生以来，还从没见过经学院和清真寺的外观如此整洁、肃穆，原先那些突兀的修补痕迹都消失在传统的模样

▼ 晚上，孩子们在哈桑·穆拉德库什别吉清真寺前跳舞

之中。看着美观而又不失古韵的希瓦古城，卡西莫夫的心中满是骄傲。当地人说："这不是残破的希瓦了，而是我们心中的希瓦。"

随着项目有序进展，阿米尔·图拉经学院和哈桑·穆拉德库什别吉清真寺的主要修复工作基本完成，两个建筑之间的小广场也完成了铺装。接下来的照明设施是此次周边环境整治工作的"点睛之笔"，也是附近居民最期待的事情。

听说要调试灯光，古城的孩子们早早地坐在小广场上等着。"啪"的一声，阿米尔·图拉经学院和哈桑·穆拉德库什别吉清真寺亮了起来，孩子们第一次见到家门口的经学院和清真寺亮灯，兴奋地手舞足蹈。

年轻人回到了希瓦

"以前，我没有意识到历史会逐渐消失，不懂得希瓦的意义。我一直待在大城市，竟然对我们民族悠久辉煌的历史感到陌生。因为希瓦，我更加热爱我的国家。外国人也只有来到希瓦，才会真正了解我们的文化。这次修复机会是宝贵的，古城将恢复它应有的样子，希瓦的历史文化将会继续滋养这里的年轻人，我要加入这个队伍贡献力量。"

说这话的是一位叫穆巴拉克的乌兹别克斯坦年轻人。

希瓦是穆巴拉克的故乡。从中国留学回来后，他和同学们一样，留在了首都塔什干工作。本来，在大城市的生活安稳如常，但看到中国专家在希瓦开展文物修复的新闻，他受到了触动。

经过一番心理斗争，穆巴拉克放弃了首都的安逸生活，回到希瓦，做了中国工程师的翻译。他想以实际行动为家乡的发展做点事情。

如今，在希瓦，像穆巴拉克这样的年轻人越来越多。

古城的修复，让当地的年轻人重新看待希瓦，越来越多的年轻人回到了希瓦，他们为希瓦而自豪。

年轻人回来了，当然不只是因为古城得到了完美的修复，还因为他们看到了古城美好的未来。

为了能更全面地展示希瓦古城的文化遗产，需要尽快形成一条从北门进入古城的遗产展示轴线。工作组就用当地传统石材、砖等材料按照传统方式铺砌了广场和道路，既方便居民的生活，也为旅游发展做了铺垫。

这改变了过去希瓦古城主要景点过于集中在东西主干道两旁的历史。

目前，在希瓦 26 公顷的古城里，住着 300 多户居民，2000 多人。他们中的许多人都参与了修复工作，这让他们既能照顾家人，又能改善家庭生活条件。

他们是古城修复的参与者，也是受益者。

奥列格便是这些居民的代表。自从古城修复之后，他的旅游生意越来越好。每天，他都会用一辆擦得锃亮的汽车从乌尔根奇市拉着外国人来古城参观。每次送游客参观经学院和清真寺的时候，他都会自豪地告诉他们："这是中国人帮我们修复的，我也参与了。"

夕阳斜照之时，希瓦古城沿街的商贩们开始麻利地收拾铺位，手工艺人们关闭了店门，供人合影的骆驼也被牵走，希瓦古城恢复了宁静。明天将会有新的游人从五湖四海赶来，就像千年前从地平线那端走来的骆驼商队，给这里带来商机、带来希望……

▼ 希瓦古城的街景

人们相信，在新的时代，希瓦古城将再现辉煌，给希瓦人民带来更多的幸福和荣耀。

项目概况

希瓦古城是古丝绸之路上的一颗明珠，作为世界文化遗产，具有极高的历史文化价值。古城格局完整，代表性文物建筑古迹众多。

援乌兹别克斯坦花剌子模州文化遗迹修复项目由中国文化遗产研究院承担。修复项目主要包含希瓦古城内的阿米尔·图拉经学院和哈桑·穆拉德库什别吉清真寺两部分。阿米尔·图拉经学院是 17 ～ 19 世纪布哈拉汗国与希瓦汗国时期伊斯兰宗教建筑代表之一，建筑面积约 3000 平方米。哈桑·穆拉德库什别吉清真寺建造于 18 世纪晚期，是希瓦古城内小清真寺的典型实例，建筑面积约 188 平方米。

中国文物保护团队在这个沙漠边缘的古城扎根，他们传递理念、培养人才，和当地百姓一起开展古城修复项目，谱写了一曲中乌友谊之歌。

现代化农机唱响草原之歌

作者：胡一峰

[蒙古] 达恩巴苏尔恩·普日毕苏尔恩

　　每年七八月牲畜肥壮的季节，蒙古国首都乌兰巴托都会举办那达慕大会。大会上，赛马是最引人注目的重要活动。赛马场上彩旗飞舞，参赛骑手们个个身扎彩色腰带，头缠彩巾，扬鞭策马，活力四射。

　　连续 5 年，色楞格省的牧民奥特巴雅尔都会在那达慕大会期间，趁着假期坐长途汽车一天一夜，赶往乌兰巴托。这位壮实的蒙古汉子骑术高超，但他可不是冲着赛马来的，而是给在乌兰巴托驻点的雷沃重工公司的工程师们，送上他亲手做的节日礼物——牛羊肉干，表达他的谢意。

▼ 奥特巴雅尔与雷沃工程师合影

"鸿雁"带来机械化

奥特巴雅尔是蒙古国购买雷沃拖拉机的第一人，也是雷沃重工产品的首批受益者之一。自从用上了雷沃拖拉机，他开垦了很多荒地，成了远近闻名的农场主，日子过得越来越好。提起这件事，他高兴地说："远方的朋友来了，就没有什么问题解决不了！"

蒙古国是草原上的国家，农牧业是其重要产业。然而，蒙古国大部分的农机都是 30 年前的老旧设备，这大大影响了农牧业的发展。

看在眼里，急在心头。蒙古国政府开始使用中国政府提供的优惠性质贷款采购农业机械，交付到急需的农牧民手中。雷沃重工也是从那时起开始了与蒙古国政府的合作。

雷沃重工的产品多种多样，既有用于农业的小麦播种机、玉米播种机和施肥机，也有用于牧业的割草机、打捆机、割搂机……这些正是蒙古国农牧业生产所急需的！

以前，每到播种季节，额尔登特省的杜勒比都要骑着摩托车一路颠簸，到 60 多公里外的镇上租拖拉机。农忙季节，有时要排队等很长时间。着急也没办法，因为租的人多，可拖拉机太少。没有现代化的设备，生产效率很低，收成难以大幅度提高，这些年，他的生活始终没有太大起色。"要是能开上自己的拖拉机就好啦！"他一直这么盼望着。

▲ 雷沃打捆机

随着中蒙农机设备合作项目批量交付，他的心愿终于变成了现实，很多人的心愿都变成了现实。去现场提货那天，大家都欢呼雀跃，兴奋不已。

割搂机也解决了牧民的大问题。过去一到秋季，牧民就开始犯愁。地里大片的牧草还没有收割，天气却马上就要转冷了。靠原来的旧设备和人工收割，根本没法在霜冻前把牧草都割完，只能眼睁睁地看着牧草在地里烂掉。如今，有了雷沃重工的割搂机，牧民能及时收完牧草，保证牲畜的冬季饲料储备，牛羊饿死现象大大减少。

▲ 蒙古国用户驾驶雷沃拖拉机作业

目前，蒙古国的农业机械化程度已达80%，比项目实施前提升了30%。雷沃的产品也加快了蒙古国农牧业现代化发展进程，成了农牧民致富路上的好帮手。

"保姆"式售后服务

最初，当地农牧民对雷沃重工的产品较为陌生，使用中常会发生操作问题。为了给客户提供及时的售后服务，售后人员接到用户电话后，24小时之内就会赶到用户那里，检查和排除故障。

尽管雷沃重工的工程师们已在世界很多地方从事过售后服务，积累了丰富经验，但这里艰苦的条件还是给他们带来了很多挑战。

比如，工作地与住地距离太远就是一大问题。花大朋是雷沃重工常驻蒙古国的售后服务人员。有一次，他们去给客户组装拖拉机，从组装场到项目组住的宾馆有70多公里的路途，往返要两个小时。每天往返既浪费时间，还影响服务效率。怎么办？在实地勘查组装场后，花大朋"计上心来"。他们租了两个集装箱，经过改造，一个搭好上下两层床位，变成容纳多人的特色宿舍；另一个支起了灶台，安上了煤气，变成一间厨房。就这样，在茫茫的大草原上，一片别有韵味的生活区建成了。每开始一个新的项目，服务工程师们就要在这样临时的宿舍里安营扎寨，而且一待就是几个月。

只要农机出现问题，不管多远、多难，服务工程师都会努力在第一时间赶到。这就是雷沃重工的"保姆"式售后服务！

2017年10月的一天，肯特省的恩勤勒格正在地里忙着，收割机突然"罢工"了。他摆弄了很久，一直折腾到晚上，收割机还是不肯"干活"。正是收割的季节，时间一天也耽误不起，恩勤勒格带着焦急不安的心情，试着拨通了服务电话。服务人员了解情况后，对故障做了初步判断，马上做出回应。10月的草原，深夜寒气浸骨。服务

工程师不畏严寒，披星戴月，赶到恩勤勒格家，并连夜抢修，设备很快就恢复了正常运行。

因为有了现代农机，加上工程师的贴心帮助，恩勤勒格成了当地的"致富能手"。他所在的苏木（蒙古国一种高于村级的行政区划单位）也渐渐成了远近闻名的"雷沃苏木"和"富裕苏木"。

雷沃重工还在乌兰巴托建了配件库，常年存储货值200万元的配件，不断循环补充。多名服务工程师和两名当地翻译在各地做上门巡回服务，现场培训农机使用保养技能。

▼ 蒙古国草原风光

雷沃重工的用户培训班也很受欢迎。工程师们手把手教农牧民们农机的正确操作方法，以及常见故障判断和保养要点。培训结束后，还进行"现场考试"。这让客户真实体验到了雷沃重工"全心为你"的服务理念及全方位"保姆"式的跟踪服务。

参加培训的巴扎尔发自内心地说："买雷沃产品真是超值，通过培训我不仅学会了更多的操作技能，还学会了怎么保养，让我买得放心，用得舒心。"

农机有价情无价

正是真诚的付出，使雷沃成了蒙古国最受欢迎的农机品牌之一，工程师们也和当地农牧民结下了兄弟般的情谊。

服务工程师庞宝学深有感触地说："用户对我们非常热情，我来蒙古国5年了，乌兰巴托以北地区的农机用户对我都很熟悉。有时候几天不见，即使不修理什么，也打电话让我去玩，还要让我留下吃饭。"

蒙古国食品农牧业与轻工业部的官员每次见到雷沃重工的工程师，总要亲切地说："你们来了，我们的农牧民就有好的拖拉机用了，我们就放心了。"

中国人把优质的农机送到了蒙古国大草原上，让蒙古国百姓在追求美好生活的道路上如虎添翼。

巴彦卓力格家在中央省，有 3000 公顷土地。2015 年，他购买了三台雷沃拖拉机和两台收割机。项目负责人刘静三次带着服务人员登门拜访，还经常和他进行电话沟通，了解使用情况。过硬的产品，良好的服务，帮助巴彦卓力格过上了好日子。

巴彦卓力格一家也与刘静结下深厚的情谊。2016 年，巴彦卓力格热情邀请刘静和她的同事参加母亲的 60 岁生日宴。刘静和同事在茫茫草原上驱车 200 多公里，把一份精美的生日礼物送到老人家手里，老人家也像对待亲生儿女一样热情招待中国朋友。

▼ 洁白的蒙古包

那天，老人的子女和亲朋好友们，欢聚在温馨的蒙古包里为老人祝寿。桌上摆满丰盛的食物、芬芳的美酒，大家载歌载舞，谈笑风生，欢乐洋溢在每个人的脸上、荡漾在每个人的心里……

中蒙两国有着4700多公里的边界线，两国不仅是地理上的近邻，更是行动上的善邻、感情上的友邻。蒙古国有"邻里心灵相通，命运与共"的谚语。正所谓，远亲不如近邻。雷沃重工来到大草原，从扎根到深耕，架起了中蒙友好的桥梁。

项目概况

为支持蒙古国农牧业发展，中国政府向蒙古国提供优惠性质贷款，用于购买现代化农业机械设备。

雷沃重工与蒙古国政府合作，分三批交付蒙古国政府采购的大量农机设备，包括各种马力的拖拉机及播种机、施肥机、割草机、打捆机和割搂机等配套农机具。

三批农机设备均为农牧民急需设备，项目执行后蒙古国农业机械化水平提升30%。2015年，为表彰雷沃对当地农牧业发展做出的突出贡献，蒙古国食品农牧业与轻工业部授予雷沃大马力拖拉机和雷沃谷神收割机最优秀质量奖和最优秀售后服务奖。

埃及戈壁中崛起的现代化园区

作者：胡一峰

[埃及] 纳赛尔·阿卜杜阿勒

从埃及首都开罗向东驱车 120 公里，一路尽是茫茫戈壁，车窗外偶尔会出现几棵椰枣树。到了红海岸边，一座巨大的方尖碑映入眼帘，让人的心情为之一振。

矗立在道路中央的方尖碑，将眼前的世界划分为截然不同的两种景象，一边是大漠戈壁，一边是绿树成荫。走进树荫掩映下的"中埃·泰达苏伊士经贸合作区"，平坦宽阔的柏油路旁耸立着高大的椰枣树、棕榈树，在烈日中抛下难得的清凉。一树树粉白相间的花团点缀着合作区淡黄色的办公大楼、公寓、酒店、超市、银行……

企业发展的"好帮手"

迈克手里拿着一大沓资料，快步走出合作区的办事大厅。他是一家电器厂的部门经理，刚刚办完企业产品的出口报关手续。接待他的，依然是合作区开发公司办事专员老李。办理手续的过程，也一如既往地顺利。

走在宽阔的马路上，迈克不由心生感慨。不过十余年的时间，区内的道路、供水、供电、排水、通信等配套设施都已经一应俱全了。整洁的街道、楼宇和厂房，川流不息的运输车辆，呈现出现代化园区的崭新气象。让人难以相信，这片生机勃勃的绿洲当年曾是黄沙遍野的不毛之地。

想起老李，迈克甚至有些感动。他俩已经是多年的老朋友了。他所在的电器厂入区的时候，就是老李在协助办理手续。当时，最打动迈克的，就是老李反复提及的"一站式"服务。老李向他保证，合作区的理念是"以投资者为中心"，不仅能为企业提供厂房和办公场所，而且会当好企业发展的好帮手。企业从考察到落地、从设立到经营、从物流到安保……他们都可以提供全程服务，企业只需专心打理好自己的业务即可。

他们是这样说的，也是这样做的。在电器厂开工建设过程中，合作区开发公司组建了多个小组提供服务。商业小组协助公司注册、设备采购；建设小组帮着协调建设手续；人力小组辅助人事调动、用工招聘，解读用工政策；财务小组提供税收、贷款、清关等咨询……

生产经营是顺畅了，但落户合作区后，员工们的生活会不会枯燥、单调，会不会留不住人？为了打消迈克的疑虑，老李带着他考察了合作区的配套生活设施。迈克看到，公寓、酒店、超市、银行、餐厅、体育馆、健身房、图书馆等设施应有尽有，甚至还有一所在埃及全国都甚为少见的大型主题乐园！这几乎就是一个"综合发展的小社会"啊！这一切，都让迈克感到踏实和安心。

就这样，依靠合作区完善、高效的服务，电器厂项目顺利地向前推进。在这个过程中，合作区开发公司还积极与当地政府对接，加快审批流程。最终，电器厂提前开工！

▲ 从泰达主题乐园尽兴而归的游客们

　　不时有人从迈克身边经过，急匆匆地向办事大厅走去。迈克笑了，他相信，这些企业也会在合作区的大平台上迅速发展。

产业汇集的"梧桐树"

　　中国有句俗语，家有梧桐树，凤凰自然来。事实证明，泰达合作区犹如戈壁滩上栽下的一株梧桐树，招引来了一大批"金凤凰"，给埃及打造了一张海外招商的"金名片"。

"玻璃纤维"这个词，对许多埃及人而言，都非常陌生。它是一种化学材料，取材却是纯天然的岩石。埃及石英石、高岭土、石灰石等矿物原料蕴藏丰富，发展玻璃纤维产业基础良好。然而在中国巨石股份有限公司到来之前，当地开采矿石原料的企业并不多。

中国巨石是全球玻璃纤维产业领军企业之一。2014 年，落户埃及的泰达合作区，成立了巨石埃及公司。5 年来，巨石埃及公司迅速成长，年产能由 8 万吨增长到 20 万吨，其中，出口占到了产能的 90%。现在，埃及已经一跃成为世界第五大、非洲第一大玻璃纤维生产国。

▼ 员工正在巨石埃及公司车间工作

这只"金凤凰"带来的还远不止这些。

巨石埃及公司在走访原料供应商时发现，有一家企业虽然原料储量丰富，但所生产的矿石原料还达不到他们的要求。于是，巨石埃及公司专门派技术人员到这家公司进行现场技术指导，协助他们建立质量管理体系，提升供货质量和生产效率。目前，这家公司的产能比之前提高了近一倍，已经成为开罗的矿产龙头企业。

回首与巨石埃及公司的合作，这家公司的负责人感到非常幸运："合作至今，巨石为我们做了很多事情，不管是企业经营还是质量管理，都帮助我们得到很大的提高，希望我们可以永远合作下去。"

这家原料供应商不是孤例。由于对原料需求巨大，巨石埃及公司开发了 13 家当地原料供应商，本地采购额每年达到 2 亿埃镑（约合人民币 0.83 亿元）。

不仅如此，巨石埃及公司还促进了下游企业的集聚和转型。

开罗的希望管道公司主要从事玻璃纤维管道系统设计和制造。以前，公司需要的玻璃纤维主要依靠进口。现在，他们改从巨石埃及公司进货，价格便宜了很多，库存成本也大大降低。

恒石公司也跟随巨石来到埃及投资建厂，主要从事风

电用玻璃纤维织物的生产和销售，促进了埃及高新技术产业的发展。

在合作区，这样的"金凤凰"还有很多。他们已经融入当地，成了埃及经济发展的重要力量。

实现梦想的"发动机"

泰达合作区注重对当地人才培养，定期举办各类培训，并组织当地优秀员工、管理者到中国参观学习，培育了一批优秀的园区开发建设管理人才。如今，合作区员工属地化率达到了 90% 以上，中高层管理人员属地化率达到了 80% 以上。这里，成为很多当地人"梦想开始的地方"。

对此，合作区开发公司总经理纳哈拉感触极深。那是合作区开始建设的第二年。纳哈拉得知合作区正在招聘招商部工作人员，就主动来应聘。由于当时合作区尚在建设期，工作条件较差，考虑到她是个女孩子，可能没法吃那么多苦，所以，她几次应聘，公司都没有录取。尽管如此，她还是精心准备简历，努力争取面试和工作的机会。

终于，合作区领导们被她的锲而不舍所感动，纳哈拉实现了到合作区工作的梦想。进入公司后，中国同事毫无保留地教她高效的工作方法和各种必备技能，还送她去中国进修，让她的业务能力得到了迅速提升。

仅仅十年时间，她已经从一个普通职员成为合作区开发公司的总经理。"在合作区里，埃及人与中国人平等相处，合作愉快，埃及员工上升渠道通畅，都有发展机会。"纳哈拉说。

在合作区，像纳哈拉一样的埃及年轻人不在少数。他们热情、开朗，有执行力，勤奋工作，一点点改善着自己的生活。他们在自己成长的历程中见证了合作区的发展，也见证了合作区对埃及的贡献。

▼ 远眺埃及金字塔

我们都是"哈比比"

在建设发展的过程中，合作区与当地百姓之间建立了亲密的友谊，成了"哈比比"（阿拉伯语里是"亲爱的"和"好朋友"的意思）。

2011年1月，受时局动荡影响，苏伊士城陷入混乱，合作区附近的企业也陷入危险之中。这时，合作区外悄悄来了一批"保护神"，那就是生活在合作区周边的贝都因人。千百年来，他们世代生活在这里，自由自在，豪侠仗义。在合作区的建设过程中，他们与合作区人成了朋友。关键时刻，他们穿着传统的罩袍，戴着格子头巾，扛着装备来到合作区，在各个入口设立了哨卡，阻止暴徒入侵，保卫他们的中国"哈比比"。

当合作区面临断粮断水威胁时，一辆满载着面包和饮用水的小汽车从苏伊士城开来，驾车的是合作区员工阿萨姆。

阿萨姆在合作区建立时就加入其中，早把合作区当成了家！在全城混乱、商铺停业的时刻，阿萨姆首先想到的是几十公里外合作区里同事们的安危。他想尽办法搞到了水和面包，冒着危险驾车穿过苏伊士城区，送给合作区的同事。后来，阿萨姆被授予"合作区英雄"奖章。

他动情地说："我26岁就结婚了，40岁以前还没有

▲ 中埃·泰达苏伊士经贸合作区起步区

自己的房子，是合作区让我能买得起房子，养大四个孩子，泰达人就是我的朋友、我的家人，我愿用自己的生命保卫他们！"

　　整个动乱期间，在中埃双方的共同努力下，合作区应对得当，人员生命和财产未受丝毫损失。

合作区也积极参与当地公益活动，捐助兴建清真寺，为当地学校购置教学设施，捐赠助学基金，赞助孤儿福利院，赞助"第二届埃中大学生风采之星才艺大赛"……

斋月期间，合作区与其他机构一起，共同主办"斋月献爱心"社会公益慈善活动，向埃及孤儿发放斋月礼品。2016年，"泰达公益基金"正式启动，首次捐赠公益善款20万埃镑给马基迪·雅库巴心脏病救治基金会，用于救助埃及心脏病患儿。2017年，合作区又组织员工访问了埃及的一家儿童医院，该院完全依靠社会捐助维持运转。员工们为患儿们购买了礼物，并自发捐款以帮助孩子们早日康复。

▼中埃·泰达苏伊士经贸合作扩展区

早在中国宋元时代，中埃两国就有了密切的文化交流。历史之河，奔流不息，中埃的友谊也日益深厚。今天的泰达合作区，如一颗明珠，闪耀在苏伊士运河之畔。合作区日新月异的成就，让越来越多的埃及人加快了为梦想奔跑的步伐，同时也为埃及这个古老的国度注入了新的发展活力。

项目概况

中埃·泰达苏伊士经贸合作区由天津泰达控股和中非基金共同出资建设。

合作区占地面积 7.34 平方公里。其中，起步区面积 1.34 平方公里。目前，起步区已完成开发建设，累计投资约 1.09 亿美元，初步形成了新型建材、石油装备、高低压设备、机械制造四大主导产业。扩展区总面积 6 平方公里，分三期开发，每一期 2 平方公里，计划开发总投资 2.3 亿美元。

目前，扩展区已完成一期基础设施建设，累计投资 6300 万美元，并成功吸引大运摩托、厦门延江等七家企业入驻。现已提前启动二期 2 平方公里的建设招商工作。

美丽山的赞歌

作者：张玉雯

[巴西] 安塞尔莫·莱尔

亚马孙河，是世界上流量最大、流域最广、支流最多的河流，它几乎横穿整个南美洲北部大陆，滋润着全球最大的热带雨林。"地球之肺"的美称，实至名归。

亚马孙河的流域面积超过几百万平方公里，大部分在巴西北部，那里水利资源丰富，电力供给充足。但巴西东南部地区才是"用电大户"，全国 3/4 的人口集中在这里，一半以上的工业企业也聚集在这里，生活和生产用电需求极大，电力供应颇为紧张。一边是充足的水电蕴藏量，一边是巨大的用电缺口，两地相距超过 2000 公里，如何将电运过去呢？

跨越千里"北电南送"

对于巴西而言，难题不在于发电，而是如何跨越 2000 多公里完成长距离输电。这一回，挑战摆在了美丽山水电站面前，它必须突破这一瓶颈！

美丽山水电站坐落于亚马孙河下游的欣古河上，装机容量达到 1123 万千瓦（占巴西全国装机容量的 7%），年发电量约 400 亿千瓦·时，是巴西的第二大水电站。

如果要将美丽山的电输送到人口密集的东南部地区，需要跨越巴西 4 个州、66 个城市、200 多条河流，以及120 余条已经在运行的输电线路。无论从工程规模、地

形、气候，还是环保和线路的复杂程度上来说，这项输电工程都是史无前例的。而且，线路途经的亚马孙流域雨季长达半年，更增加了修建、运输、施工和维护的难度。

采用中国独有的特高压输电技术，是完美契合巴西实际需求的解决方案。

对于与中国同样幅员辽阔、地形多变的巴西而言，特高压输电的优势格外明显。效率上，特高压输电容量大且损耗小；成本上，特高压单位容量造价低；环保上，特高压更为绿色安全……

▼ 工人在高空作业

在美丽山输电项目的竞标中，中国国家电网有限公司携手巴西国家电力公司一举夺魁！

项目开工了！

一辆辆卡车从泥泞的土路上驶过，高大的线路杆塔一路向前延伸。尽管天气阴晴不定，时而暴雨倾盆，时而艳阳高照，但并不影响施工的节奏。基建、拉线、修路的各工种人员密切配合，项目有序推进。经过两年的建设，美丽山特高压输电一期项目提前实现了投运。

目前，美丽山特高压输电一期项目运行稳定，工程输送容量400万千瓦，经过数千公里的"搬运"，将电量安全地送到了东南部地区，满足了2000多万人口的需求。这可是解决了巴西1/10人口的用电难题！

特高压技术的引入和推广，完成了巴西"北电南送"的重大"电力搬运"工程。

时任巴西矿产与能源部长费尔南多·科埃略表示，"美丽山输电工程标志着巴西成为美洲第一个拥有特高压直流输电技术的国家。它不仅提高了巴西电网的安全稳定性和供电可靠性，有效缓解了东南部能源短缺矛盾，更为巴西积累了特高压输电技术经验，强化了能源绿色发展理念。"

▲ 美丽山特高压输电一期项目伊斯特雷都换流站鸟瞰图

守护我们的家园

　　巴西自然资源极为丰富，到处都是枝繁叶茂的热带雨林。全年气候闷热潮湿，浓烈的阳光似乎很难从树叶间照射到雨林深处。这片广袤的雨林是原住民和动物们的家园。

为了保护美好的环境，巴西对环保的要求十分严格。作为世界上环保法规最多的国家之一，巴西环保执行机构对所有建设工程实行严格的许可证制度。不仅项目各阶段都需要获得相应的许可证，不同类目的保护也需要得到不同管理机构的批准。

美丽山特高压输电一期项目动工前，国家电网巴西控股公司就严格按照巴西的环评要求，专门成立了环境部，聘请来自各领域的专家，开展全面详细的环境评价工作。

胡里奥是项目环评阶段专门聘请的生物学家。他的工作就是深入亚马孙热带雨林，记录项目沿线各种自然环境和动物种类的变化情况。

"那天，我正站在一棵大树下做记录，突然一只色彩艳丽的小金刚鹦鹉跌跌撞撞地飞入我的视线。这在巴西可是一种濒临灭绝的鸟类！我已经很久没见过这种鹦鹉了！它是一只幼鸟，说明它还有爸爸妈妈。当时真是特别激动！"胡里奥回想起当时的情景依然有些兴奋。

按照国家电网有限公司对环评工作的要求，胡里奥马上拨通生态环保部门的电话，把这只羽翼还未丰满的幼鸟转移到最近的救助站，保护了起来。

在项目建设过程中，环评团队深入热带雨林细致调查，共记录了 5177 个植物种类，448 个动物物种。其中，食蚁兽等 11 种动物是巴西政府认定的珍稀保护动物。

▲ 金刚鹦鹉

▲ 小食蚁兽

　　除了对动植物资源的保护，项目组对历史人文资源的保护也给予了高度重视，制订了详细的方案，系统维护沿线具有历史和考古价值的文化遗产。

　　在建设过程中，设计工程线路常常会碰到自然保护区和人文保护区。为了更好地保护这些资源，哪怕可能提高各项成本，项目团队也会在路径选择时尽量绕开这些区域。沿线还需要铺设超过 4000 个杆塔，对铺设杆塔的地点，项目组也需要逐一勘测是否有考古遗迹的存在。

　　"你们快来看，这里好像又是一处遗迹，看样子应该有 500 年以上的历史了！"线路杆塔的勘测现场传来一阵惊呼。

　　专家团队根据在地下不同土层发现的大小陶瓷碎片，推测该区域有 16 世纪印第安人的活动迹象。

于是，项目组在专家的指导下，调整了原定线路杆塔的位置，并按照规定对该施工区域进行了保护性隔离。对挖掘出的金属、玻璃模具、陶瓷、贝壳等材料进行了抢救性保护，随后移交给当地历史文化研究所。

在整个项目实施过程中，专家们累计考古勘探4003处，其中，发现考古遗迹782处，并按照巴西有关部门的要求，对188处重要遗迹进行了严格保护。

"美丽山特高压输电项目积极履行环境保护义务，扎实开展环境调查研究，值得我们尊敬！"对于项目组严格执行环保标准的做法，巴西环保署环评技术负责人克劳迪娅女士给予了高度肯定。

爱护环境、保护历史文化遗迹是全人类共同的使命。这不仅是为了让输电项目符合绿色环保的标准，更与人类未来的可持续发展息息相关。

走出贫民窟的"音乐家"

在电影《上帝之城》中，镜头曾带领我们进入巴西里约热内卢西南部的一座贫民窟。虽然电影是艺术创作，但它所描绘的生活，却依然在今天的马累贫民窟真实地上演着。

▲ 巴西里约热内卢风景

    达席尔瓦就是一个生活在马累贫民窟的少年。"我曾经和这里所有的孩子一样，没有钱，没有接受过教育，也不知道什么叫作人生目标，感觉这一辈子就这么浑浑噩噩地过了。"

改变来自他加入"明日之潮"马累青少年交响乐团的那一刻。乐团创始人希望通过音乐来改变贫民窟孩子们的人生。但苦于无法获得任何收入，乐团的经营每况愈下。

达席尔瓦和其他所有的乐团成员觉得，刚刚点亮的未来又要陷入一片黯淡之中了。

国家电网巴西控股公司得知这个情况后，被"音乐必将创造奇迹"的计划所打动，决定支持这个乐团。"如果不是他们，孩子们的命运可能就没希望了。"解决了这一困局，创始人终于松了一口气。

▼ "明日之潮"马累乐团的孩子们

现在，乐团的孩子们不仅可以学习音乐，每月还可以获得奖学金，这大大缓解了孩子们家庭的经济困难。乐团还与里约市教育厅签署了协议，为成员提供免费基础教育。经济、教育问题都慢慢地迎刃而解，马累交响乐团的规模迅速扩大。

在中巴建交 40 周年音乐会上，"明日之潮"马累乐团演奏了中国的传统音乐《无锡景》，婉转清丽的东方曲调在里约热内卢的夜空久久回荡。这是孩子们与世界的畅谈，与希望的约定。

少年强则国家兴。音乐虽然只是一个起点，但它为这些少年燃起了希望，而他们将是这个国家未来的建设者。

暮色降临，站在里约热内卢科克瓦多山上俯瞰，星星点点的灯光勾勒出海岸蜿蜒的曲线，跳跃而闪耀的光点照亮着黑夜之中的城市。来自美丽山水电站的充足电能，正通过特高压输电技术，源源不断地送往巴西最需要的地方。

耳边仿佛飘来"明日之潮"乐团演奏的乐曲，悠远而动听，那是对巴西未来发展的美好祝福，也是中巴世代友好的美丽赞歌！

项目概况

美丽山 ±800 千伏特高压直流输电一期项目是美丽山水电站的第一个输电大型工程。起于帕拉州，经过托坎廷斯州、戈亚斯州，止于米纳斯吉拉斯州南部。包括新建 2084 公里特高压直流输电线路、400 万千瓦欣古换流站、385 万千瓦伊斯特雷都换流站和两端接地极等辅助工程。

项目从开工建设到 2017 年 12 月正式投入商业运营历时两年多，比规定期限提前两个月竣工，开创了巴西大型输电工程建设项目提前投运的先河，体现了"中国速度"和"中国质量"。

目前，项目运行安全稳定，极大地支持了当地经济社会发展，成为中国国家电网有限公司和巴西国家电力公司成功合作的典范，是中巴两国国际产能合作的一张靓丽名片。

老牌汽车的新生

作者：路捷　任飞帆

[瑞典] 杨－埃瑞克·拉尔森

　　1927 年 4 月，北欧的春天还没有丝毫暖意，但瑞典哥德堡市的一座工厂里，却是一番热烈的场景。

　　一辆敞篷汽车在众人的注视下缓缓驶出工厂，人们欢呼雀跃。

　　这是沃尔沃的第一辆汽车。

　　从这一天起，沃尔沃引领瑞典汽车工业开启了近一个世纪的壮阔征程。

　　然而，当时并没有人想到，80 多年后，这个历史悠久的汽车企业会与来自中国的年轻车企——吉利控股集团结下不解之缘。

▼ 瑞典哥德堡风光

祖孙三代的沃尔沃故事

　　杨 - 埃瑞克 • 拉尔森（Jan-Erik Larsson）是沃尔沃汽车亚太区研发副总裁，他从小就听祖父和父亲讲了很多沃尔沃汽车的故事。从祖父开始，他们家的祖孙三代见证了沃尔沃汽车辉煌而曲折的发展历程。

　　他的祖父参与了第一辆沃尔沃汽车的研发。那时的瑞典已发展成为一个工业国家，国产优质钢材充足，又拥有成熟的机械设备和优秀的技术团队，具备了汽车生产的条件。这些优势让年轻的沃尔沃成功研发出第一款汽车。诞生之后的数十年间，沃尔沃汽车征战全球市场，成为瑞典汽车工业的荣耀。

　　他的父辈见证了沃尔沃汽车的黄金年代。那时，沃尔沃汽车销量一路高歌猛进，曾在豪华汽车市场中名列前茅，沃尔沃汽车在安全、健康和环保等领域尤其令人瞩目，人类汽车史中有近一半的安全技术由沃尔沃研发，其中就包括大名鼎鼎的三点式安全带、笼式车身、后向式儿童安全座椅等。经典车型 S80 获得各国皇室成员、政要的青睐，成为豪华汽车的标杆。

　　然而，当杨 - 埃瑞克 • 拉尔森带着家族的荣耀服务沃尔沃汽车时，他却发现情况有了变化。

　　1999 年，沃尔沃集团出于战略考量，将旗下轿车业务出售。10 年后，全球汽车行业经历了全球金融危机的冲击，沃尔沃汽车公司面临着销量下滑、负债增加、亏损严重等困境。汽车年销量下滑至 33.5 万辆，全年亏损 170 亿瑞典克朗（当时约合人民币 101.16 亿元）。

在这种情况下，沃尔沃汽车公司被再次出售。

经过艰苦谈判，来自中国的吉利控股集团在竞购对手中获得优先竞购权，并最终以 18 亿美元的价格达成收购协议。

收购完成后，吉利控股集团采取了多种有效措施，帮助沃尔沃汽车公司重振士气、优化结构，并迅速打开了新

▼ 沃尔沃全新 S90 轿车整车待发

局面。收购当年,沃尔沃汽车销量就较上年增长 11.6%。其中,中国市场销量同比增长 36.2%,瑞典市场销量同比增长 26.5%。

谈起沃尔沃汽车公司从低谷中再度走向新生的经历,杨 - 埃瑞克·拉尔森不无感慨:"收购之初,会听到一些担忧,但是事实胜于雄辩。我惊喜地看到,收购以后,沃尔沃汽车经历了快速的发展。收购以后全球销量翻了一番,中国销量增长了将近四倍。毫无疑问,这是整个收购成功最好的证明。"

工会投出信任票

吉利控股收购沃尔沃汽车的过程一度引发全球汽车行业的关注。当时人们都很好奇,一家成立不到 12 年的年轻车企,怎么能收购有着 80 多年历史的老牌汽车企业呢?更重要的是,他们能说服工会吗?

当吉利洽谈收购事宜的消息传出后,工会确实是抵制的。

人们心中充满了担忧:中国人能带领我们冲出低谷吗?他们会像我们一样爱护这个令瑞典人引以为傲的品牌吗?他们能克服巨大的文化差异吗?工人的岗位、福利还能得到保障吗?

为了更多地了解这家中国企业，沃尔沃汽车工会首先想到了伦敦，吉利控股在那里入股了伦敦出租车公司。工会实地考察了公司的经营情况，咨询了公司员工的看法，出乎意料地收获了对吉利的广泛好评，这为工会今后转变看法打下了良好基础。

此后，瑞典的工会、媒体代表团专程前往中国，参观了吉利控股集团及生产基地，这些考察给工会留下了良好的印象。

在收购谈判期间，吉利控股集团也多次派员去工会当面拜访，直接回应工会担心的问题，对于工会所要争取的合理权益，也积极予以响应，展示充分的诚意。这逐渐打消了工人们的顾虑。

沃尔沃汽车工会主席格林·伯格斯特罗姆坦言，最初工会对这桩收购充满了担忧和抵制，但在一次次的真诚沟通，一次次的亲眼所见之后，担忧和抵制的情绪慢慢消失了。最终，工会为这桩收购投出了信任的一票。

打动工会，只是实现融合的第一步，沃尔沃汽车复兴的故事，也才刚刚开始。

东方智慧注入新的活力

如何完成管理架构的调整，是摆在吉利控股集团面前的另一个关键问题。

过去，对于自身的发展，沃尔沃汽车没有太多的决定权，这在很大程度上制约了发展的主动权和积极性，也让公司的发展慢慢失去了活力。

吉利控股在收购时就提出，要将沃尔沃"放虎归山"！而"放虎"的核心就是充分激发整个企业的发展自主性，让沃尔沃这只"老虎"在市场竞争这个"自然环境"中重现原有的生气。

吉利控股接手后，按照股东大会、董事会、经营管理三层的治理架构，组建沃尔沃汽车董事会。新的董事会有13名成员，分别来自中国、瑞典、奥地利、丹麦、德国等国家，包含汽车、物流、财务管理等不同领域，实现了国际化人才与瑞典本地人才相结合，变成了一个全球化的董事会。

同时，沃尔沃汽车也获得了运营上的独立性。公司总部仍设在瑞典哥德堡，也保留了所有的工厂、研发中心和销售网络。在沃尔沃工作超过30年的格林·伯格斯特罗姆认为，新的架构充分实践了吉利集团在收购时提出的"吉利是吉利，沃尔沃是沃尔沃"的管理思路，充分激发了沃尔沃骨子里的发展动力。

除此之外，吉利控股集团还充分支持沃尔沃汽车包括产品、平台、人才等全体系的建设。如今，沃尔沃汽车在全球拥有超过 43000 名员工，建立了广泛的销售和服务网络。2018 年，沃尔沃汽车公司全年销量 64.2 万辆，连续五年创下全球销售新高。

就这样，这家老牌汽车企业，开始一步一步走上复兴之路。

全方位的真诚合作

在吉利控股收购沃尔沃汽车之后，规模优势显著增加，沃尔沃汽车的采购得以更有效地控制成本、提高效率。

在收购后的近 10 年中，沃尔沃从一家以瑞典为核心的汽车品牌成长为一家真正的全球企业。在欧洲、以中国为核心的亚太、以美国为核心的美洲市场都建立了完善的商务和工业体系，在全球范围内实现了资源的有效整合和调配，显著提高了整个企业在复杂多变的国际贸易形势下的竞争力。

在吉利控股的充分支持下，沃尔沃汽车公司耗资 110 亿美元用于 SPA 可扩展模块架构等核心技术的研发。这成

▲ CMA 中级车基础模块化架构

为瑞典工业领域有史以来规模最大的投资项目之一。

真诚合作之花必将结出互利共赢的硕果！

继 SPA 平台后，CMA 基础模块架构是由沃尔沃汽车主导，沃尔沃汽车与吉利汽车联合开发的全新基础模块架构，充分体现了在吉利控股收购沃尔沃以后所形成的技术协同和合作能力。沃尔沃基于 CMA 架构开发出了全新车型 XC40，并于比利时根特工厂等制造基地进行制造。

根特工厂始建于 1965 年，位于比利时布鲁塞尔西北约 60 公里。2008 年的全球金融危机使比利时汽车工业进入了严冬，汽车组装行业就业人口减少一半，一度引发沃尔沃根特工厂的裁员危机。吉利的收购为根特工厂提供了重要的发展推动力，重新焕发了勃勃生机。

如今，根特工厂的员工数量由收购时的 4000 人，增加到了近 6500 人，还间接带动当地就业 20000 人。根特工厂成为比利时东弗拉芒省雇用员工最多的企业之一。除了带动当地经济和就业，根特工厂还为中国的汽车工业提供了管理经验和技术支持。过去的三年中，有 200 名沃尔沃汽车中国员工前往根特工厂接受了培训，同时根特工厂也常年派遣专家前往沃尔沃大庆、成都和张家口工厂进行技术指导。

▼ 比利时根特工厂

在吉利与沃尔沃的协同与融合中，西方百年汽车工业文明和东方文化相互浸润、相互理解、相互包容，让人们看到了中国企业和欧洲企业开展双赢合作的乐观前景。他们将共同成长，共同实现属于他们的汽车梦想！

项目概况

1999 年，沃尔沃集团将旗下轿车业务出售给美国福特汽车公司。2008 年，受金融危机影响，福特公司出售了旗下多个汽车品牌。2010 年，吉利控股集团与福特汽车正式交割，获得了沃尔沃汽车 100% 股权。

收购以来，沃尔沃汽车公司完成了组织架构的调整，规划了清晰和具有前瞻性的发展战略，开发了行业领先的平台架构，完善了产品的规划和开发，拓展了全球的战略布局，实现了较快发展。

目前，沃尔沃汽车公司在全球拥有 43000 多名员工，在 100 多个国家和地区设立了 2400 多个销售和服务网点。2018 年，沃尔沃汽车销量达到 64.2 万辆，连续五年创造了沃尔沃汽车新的全球销售纪录。

"西诺瓦"们的"中国妈妈"

作者：胡一峰

[阿尔及利亚] 姑卡

在非洲北部，地中海沿岸，有一个美丽的国家，她就是阿尔及利亚。在那里，有一万多人名叫"西诺瓦"，意思是"中国人"。他们是中国医疗队援助阿尔及利亚最生动的见证。

每个"西诺瓦"都有一位"中国妈妈"，湖北省黄冈市妇产专家徐长珍就是其中之一。走在阿尔及利亚的大街上，经常有妇女拉着孩子跑到她面前说："妈妈徐，你还记得吗？西诺瓦是你给接生的！都长这么高了。"

从 1993 年开始，徐长珍 4 次参加援阿医疗队，和队友们共治疗妇产科门诊病人 3.2 万多人次，住院病人及产妇 6.8

▼ 阿尔及尔非洲圣母院

万余人次，开展手术 1.5 万余台次，抢救危重病人 780 多人次，接生了数以万计的难产胎儿。她用精湛的医术和仁心大爱，成为阿尔及利亚人民心中的"中国妈妈"。

四次援阿　情深意长

徐长珍出生于一个医学之家，她的父亲、哥哥、嫂子都毕业于白求恩医科大学。耳濡目染之下，她从小就立志要做白求恩那样的医生。1993 年，当她所在的黄冈市人民医院接到组建援阿医疗队的任务时，接受过系统法语培训的她毫不犹豫地报了名。

抵达阿尔及利亚第一天的情景，徐长珍至今记忆犹新。那天夜里，长途跋涉后的徐长珍本该回驻地休息，但医院来了一位重度胎盘早剥、失血性休克的产妇。病情就是命令！把行李一扔，徐长珍直接进了抢救室。

看到床上脸色煞白、双唇微颤的产妇，徐长珍马上紧急抢救。胎儿被顺利取出后，徐长珍又为产妇剥除胎盘止血。一通忙活下来，已经累得满头大汗。

正当护士准备为徐长珍拭去额头的汗珠，刚刚落地的新生儿却发生了窒息，眼看心跳越来越微弱。

这时候，徐长珍才注意到，这家医院的手术室条件十分艰苦，不仅没有吸痰器，也没有急救物品。她没有多想，立刻伏下身，口对口吸出新生儿口中的羊水和分泌物，再一次次地做人工呼吸。

震惊、赞许、感激、钦佩……当地医生们的目光都集中在这位中国女医生身上。渐渐地，孩子的小脸红润起来，开始有了呼吸，最后"哇"的一声哭了出来。刹那间，人们情不自禁地鼓起掌来。

此时，徐长珍的衣服已经被汗水湿透了。

…………

从这个"第一天"起，在阿尔及利亚，徐长珍有了新名字——妈妈徐。

▼ 徐长珍（右三）与当地医生在一起

2000 年，黄冈市人民医院再次收到来自阿尔及利亚的邀请函，请徐长珍去坐诊。考虑到当地条件十分艰苦，家里人强烈反对，但最终还是拗不过她。这一次，她被派往马斯卡拉省医院。不少老病人听说徐长珍回来了，特地从很远的地方跑来看她。

女病人萨布丽娜患有巨大子宫肌瘤，在徐长珍第一次援阿时，她就希望找徐大夫诊治，却因为一些原因没能完成手术。再次见到徐大夫时，萨布丽娜的病情已经加重了。徐长珍为萨布丽娜安排了手术，切除了她身上的重负，让她可以实现做妈妈的梦想。几个月后，萨布丽娜带着男友来探望徐长珍，并邀请她参加婚礼。婚礼上，萨布丽娜与徐医生紧紧相拥，流下了喜悦而幸福的泪水。

2007 年，很多病人找到中国驻阿尔及利亚大使馆，要求"妈妈徐"再回来。第三次应邀前往阿尔及利亚的徐长珍再次被派往马斯卡拉省医院。这一次她碰到一名产后出血患者。当时患者心跳停止，没有呼吸，瞳孔散大。徐长珍知道后，二话不说，上前为病人徒手心肺复苏。15 分钟后，心电监护屏上出现了患者的心跳曲线……就这样，凭借丰富的经验和高超的医术，徐长珍把这位病人从"鬼门关"拉了回来。从此，当地人谈到"妈妈徐"，总要在前面加上"中国神医"。在阿尔及利亚人心中，徐长珍不仅是一名医生，更是给人们送去健康幸福生活的天使。

2010 年，徐长珍第四次援阿。这一次，她主动要求到最偏远的赛义达省工作。时差还没倒过来,徐长珍就和队友投入工作。当天,就接连抢救回 3 名危重产妇和新生儿,当地同行纷纷竖起大拇指。

在赛义达省妇儿保健院,中国医生承担着很大的工作量,超强度的工作负荷使得几乎每个月都有医生手腕、肩部和腰部损伤,长期倒班也使很多医生严重失眠。但令人欣慰的是,在中国医疗队的努力下,赛义达省妇儿保健院的孕产妇死亡率明显下降,新生儿的死亡率也逐步下降。中国医生精湛的医术和热情的服务,得到了阿尔及利亚各界的高度赞扬。

医者仁心　救死扶伤

中国对阿尔及利亚的医疗援助可以追溯到 20 世纪 60 年代。

1962 年,阿尔及利亚获得独立后,外国医生大规模撤离,整个国家陷入缺医少药的困境。当时,阿尔及利亚向世界求救,呼吁各国提供医疗援助。

中国政府最先做出回应,并于 1963 年初派出援外医疗队。这是中国派出的第一支援外医疗队,也是阿尔及利亚独立后接受的第一支外国医疗队。

当年，这支 24 人组成的医疗队跋山涉水，历时两个多月，历经千辛万苦才到达阿尔及利亚的"沙漠之门"——赛义达省。当地人民生活比较贫困，医疗条件不佳，听说中国大夫来了都非常兴奋。队员们抵达当天，就展开了工作。中国大夫办事负责，不计较工作时间、条件，说干就干，吃住和当地工作人员一样，很快就赢得了信任和尊敬。有的外省病人宁愿赶几百公里路，也要专门来找中国大夫看病。

39 岁的曾俊珍，长眠在了阿尔及利亚的土地上。

▼ 阿尔及利亚首都阿尔及尔风光

　　这位武汉市第二医院的眼科医生，在阿尔及利亚患上了"急性黄疸性肝萎缩"。这种病的病程发展快，死亡率高，虽经全力抢救，但终未能有效控制病情。她在遗书中写道："妈妈、姐姐：我参加援外医疗队，牺牲了自己的生命也是光荣的，不要难过。"

　　50多年来，中国医生们，用时间乃至生命，换来了阿尔及利亚医疗水平的不断提高。

　　2012年5月，时任阿尔及利亚卫生部部长的贾迈

▲ 中国派往阿尔及利亚赛义达省医院的第一支援外医疗队

勒·乌尔德·阿拜斯在接见中国援阿医疗队代表时激动地说："中国医疗队员是我们最值得信赖的朋友，你们不辱使命，是中华民族的优秀使者！"

白衣天使　大爱无疆

半个多世纪以来，一个个中国医生前赴后继，无怨无悔地守护着异国他乡的人们。

梅进华医生就是其中之一。2015 年 6 月，阿尔及利亚蒂亚雷妇产医院来了一位 26 岁的高危产妇，患者出现高血压、疤痕子宫、胎膜早破等症状，孕期只有 31 周，但已经临产。

　　救人如打仗，产房就是没有硝烟的战场。梅进华医生为产妇做了仔细检查后，犹豫是顺产还是剖宫产。因为顺产可能导致病人子宫破裂，剖宫产则担心病人子宫收缩乏力可能造成大出血，甚至需要切除子宫。经过临床观察和队友讨论，医生们最后选择了剖宫产。三个横位、一个头位，梅进华大夫顶着压力，操刀手术，成功取出两男两女四个健康新生儿。

　　这是当地首例平安生产的龙凤四胞胎！母子平安，产妇醒来后流下了喜悦的泪水，家属和当地医院都对中国医生称赞有加。

▼ 当地媒体关于首例龙凤四胞胎的报道

Tiaret
Une mère de 26 ans donne naissance à des quadruplés

L'ambiance était grandiose, avant-hier samedi en fin d'après-midi, à la maternité "Zohra Aoural" de Tiaret après l'annonce de la naissance de quadruplés par une femme, âgée de 26 ans, originaire de Tiaret, a-t-on appris auprès du directeur de la structure sani- féliciter longuement tout le personnel médical de cette structure sanitaire. Une structure qui, soulignons-le, a connu il y a moins de deux mois un changement à la tête de l'administration par la nomination d'un nouveau directeur en la personne de M. Larbi Sekkine, une cadre de la

　　20 世纪 60 年代，周恩来总理曾说过："中国医疗队迟早要走的，我们最重要的任务是要给当地人民留下一支永远也不走的医疗队。"中国政府一直践行这一理念，除派遣医疗队外，还与阿尔及利亚政府共同推动两国医院对口合作，启动了"中阿妇产中心"项目，帮助阿尔及利亚培育更多的优秀医生，造福更多人民。

　　今天，"中国妈妈"的队伍仍在不断壮大。一代又一代的医疗队员奔赴阿尔及利亚，促进了阿尔及利亚医疗条件的不断改善，赢得了阿尔及利亚人民的真心赞誉。

　　2013 年，在中国派遣援非医疗队 50 周年之际，阿尔及利亚邮政部门专门发行了一套纪念邮票。这套邮票由阿

▼ 纪念中国向阿尔及利亚暨向非洲派遣医疗队 50 周年纪念邮票

方设计，中方印制，寓意"中华民族的优秀使者"为非洲大陆的病患带来了关怀、光明与希望。

在古丝绸之路上，满载货物的商队穿越茫茫沙漠，从东方走向西方，促进了东西方的共同繁荣和兴旺。而今天，同样有一支穿越沙漠的队伍，他们穿着白色大褂，步伐坚定地走向每一个需要他们的角落，不问回报，不辞辛劳，在异国的土地上续写着大爱无疆的传奇。

项目概况

中国援阿尔及利亚医疗队组建于 1963 年，截至 2019 年 5 月，中国共派出援阿医疗队 26 个批次，3426 人次。

据不完全统计，医疗队先后在赛义达省、马斯卡拉省、赫利赞省、梅迪亚省、盖尔玛省、阿德拉尔省等地设立医疗点，共收治门诊病人 2370 万人次，收治住院病人 220 多万人次，开展各类手术 165 万例，中国医生接生的阿尔及利亚新生儿已达 160 万之众。

杜尚别的冬天不再冷

作者：马李文博

[塔吉克斯坦] 卡里莫夫·索罗夫·萨伊德穆罗多维奇

漫长的黑夜，索莫尼峰白雪皑皑，俯瞰着灯火辉煌的城市，那里是塔吉克斯坦的首都杜尚别。2017 年，塔吉克斯坦取消了实施 20 年的冬季限电，从此与寒冷、缺电的冬季挥手告别。

冬季限电成为历史

限电！限电！这曾是杜尚别冬天的常态。

杜尚别原有一座 1957 年建设的热电厂，但供电和供暖能力都不足。而且，热电厂以天然气为燃料，天然气供应还不稳定，无法充分满足当地生产和生活的需要。

塔吉克斯坦水力资源丰富，但水力发电能力不足。因为，一到河川冻结的枯水期，许多小型水电站只能处于停工状态。

在很长一段时间，全国拉闸限电成为常态，电力短缺严重制约了塔吉克斯坦的经济发展。

在冬季限电的情况下，杜尚别很多家庭的电器都派不上用场。工业用电也受季节性影响，很多企业要在冬季停产。如果遇上极寒天气，为了保障居民用电，停产企业的范围还要扩大。

杜尚别 2 号热电厂项目一、二期全部建成投运后，成

为当地最大的热电厂，满足了杜尚别地区 60% 的电力需求。当地老百姓再也不为用电发愁了，企业也从此告别了冬季不得不停产的局面。那些架设在高空的输电线和深埋地下的电缆，为便利塔吉克斯坦人民生活和加快工业化进程提供了源源不断的动力。

当地矿业负责人盛赞 2 号热电厂是"电力引擎"，为经济插上了腾飞的翅膀。塔吉克斯坦总统埃莫马利·拉赫蒙对热电厂项目做出高度评价："杜尚别 2 号热电厂是我国向能源独立目标迈出的重要一步。塔中战略伙伴关系发展迅速，特别是能源领域的合作富有成效，杜尚别 2 号热电厂是这一良好合作的集中体现，是塔中两国高水平合作的典范。"

▼ 杜尚别 2 号热电厂全景

其实，这个项目的建设企业特变电工股份有限公司不仅在杜尚别建设了一座热电厂，还帮助塔吉克斯坦建立了一个独立、完整的电力保障系统。早在十几年前，特变电工就来到杜尚别市郊区的乔勒博镇，在乔勒博镇西山坡下建起了一座 500 千伏的变电站。之后还建设了翻越海拔3800 米风雪达坂、纵贯塔吉克斯坦南北的电力输送大动脉。此外，还捐建了四所中塔友谊学校，让当地 6000 名学生拥有了良好的现代化学习环境。

冬天里的温暖

2 号热电厂采用热电联产方式，这样既能保证杜尚别地区四季供电，也能保障冬季供暖。虽然这会加大项目难度，但能更有效地满足杜尚别的发展需求。

以前，大部分杜尚别的居民家里冬天都会备着电暖器，冷的时候，大人小孩就围坐在电暖器旁边一起取暖。但因为整个冬天都会限电，所以他们还要备着小煤炉。没电的时候，就靠烧煤炉取暖，这会产生大量粉尘，让他们经常生病。

杜尚别也有供热管网，但已经多年没有正常运行了，很多公寓的供热管道和暖气片甚至被拆下来卖掉了。所以，在重新集中供暖之前，特变电工还对全市供热

管道进行了检修，给居民家里装上了新暖气片。很多老百姓感激地握住工人们的手，久久不愿松开。

正式供暖啦！

热电厂员工米尔佐耶夫下班回到家，一打开门，一股热气就扑面而来。小儿子一见到他就光着脚丫跑过来，兴奋地拉着他的手，在地板上转圈圈。暖和的房间里，老父亲脱掉了以往从不离身的棉背心，在沙发上惬意地看着电视。桌子上妻子做好的饭菜还冒着热气。他伸手摸了摸暖气片，温热的感觉在指尖流淌，他觉得很暖，很幸福。

▼ 杜尚别的冬天不再冷

在保证供暖的同时，特变电工也十分注重保护杜尚别优美的自然环境。从项目建设伊始就将绿色发展理念贯穿全过程，采用世界先进的工艺标准、环保技术和设备，全程实时监测污染物排放，产生的废料、灰渣等也都经过处理再循环利用。

市民纷纷称赞企业的环保理念，就连公司的蓝色工作服在美丽的杜尚别也成了一道靓丽的风景。

"老索"的中国情结

索罗夫，人称"老索"，是特变电工的老员工了。他有三个儿子，大儿子在 2 号热电厂当中文翻译。二儿子在中国留学，还有个中国女朋友。小儿子在塔吉克斯坦孔子学院学了一年汉语，也打算到中国留学。连小孙女听的都是中文儿歌《吉祥三宝》。一家子都是中国迷，这都源于"老索"的中国情结。

13 年前，"老索"就加入了特变电工，当过司机、向导、翻译，还当过维修设备的技术人员。他亲身参与了企业的大部分能源、电力工程，亲眼见证了 2 号热电厂给他的国家和人民带来的实实在在的福祉。

他经常对家人说："中国对我们的帮助是真心实意

▲ 索罗夫讲述自己参与过的建设项目

的，我们拥有的光明和温暖，都是他们带来的。我为自己是中国企业大家庭中的一员而自豪！"

如今，走在杜尚别冬季夜晚的街道上，耳边是呼啸而过的风声，一户户人家的窗户却透着暖暖的灯光，人们聚在一起欢声笑语、高谈阔论，连空气也是温暖的……

项目概况

杜尚别 2 号热电厂项目是塔吉克斯坦最重要的民生工程之一，由特变电工股份有限公司负责建设。

项目分为一、二期工程，2016 年 12 月全部竣工。2 号热电厂集发电和供暖等功能于一体，总装机容量 400 兆瓦，年发电量 22 亿度，可满足杜尚别地区 60% 的电力需求，同时为当地 70 多万居民冬季供暖，供热面积 430 万平方米。

项目系统设计采用了先进的工艺标准与环保技术，确保了工业排气超净排放。20 万吨全封闭式煤场降低了对周边环境的二次污染，等离子点火技术的使用真正做到了"零油耗"。

2 号热电厂为塔吉克斯坦火电工业发展培养了大批人才。项目建设和运行期间，150 名塔吉克斯坦技术人员到中国培训，提升了技能水平；300 名塔吉克斯坦运行人员在中方专家指导下掌握了专业知识并能够独立操作电站运行设备。

造福民生"水中心"

作者：胡一峰

[斯里兰卡] 维拉高达

20 世纪 90 年代以来，一种神秘的慢性肾病一直在斯里兰卡潜伏肆虐，尤其是在中北部干旱地区，发病率高达 15%。至今，病因仍未明确。

世界卫生组织认为，提供安全洁净的饮用水，是目前可采取的降低这种慢性肾病发病率的重要途径之一。

于是，中国科学院的专家来了，中国肾病专科的医生来了，中国的水务企业来了……

一切，都是为了斯里兰卡人民的健康！

▼ 斯里兰卡风光

联合研究　共克难题

　　不明原因慢性肾病（CKDu）曾在短短 10 年间就造成了中美洲超过 2 万人死亡，现在已经发展成为全球性问题。斯里兰卡也是遭受 CKDu 困扰的重灾区，一直在寻求国际援助。

　　这一次，抱着试试看的心态，斯里兰卡国家供排水委员会总工程师维拉高达博士给中国科学院魏源送研究员发了一封邮件，希望能与中国科学家们合作开展研究，联手解决这一重大民生问题。维拉高达博士曾在中国听过魏源送研究员的授课，他期待中国能提供更好的解决方案。

　　就这样，魏源送在两国间数次往返，与斯里兰卡的科学家们开始了携手追因肾病、保障饮用水安全的漫漫合作之旅。

　　合作机制是前提。在两国政府的共同关注和推动下，2016 年，由中国科学院和斯里兰卡城市规划与供水部（原斯里兰卡城市规划与供排水部）牵头，由水科学、地质学、医学和生命科学等领域的专家共同组成的中国—斯里兰卡水技术研究与示范联合中心（以下简称"中斯水中心"）正式成立了。

　　硬件设施是基础。斯里兰卡开展水科学研究的条件较为薄弱。为解决这一问题，中斯水中心决定在佩拉德尼亚大学建造科研楼。这是中国政府援助斯里兰卡的第一项涉水科技工程。

研究内容是关键。中斯水中心围绕饮用水安全和CKDu追因两大核心任务开展工作。2016年3月，中斯双方专家团队将CKDu追因、预防和控制方案提交给了斯里兰卡总统西里塞纳，得到高度肯定，为斯里兰卡CKDu总统指导委员会决策提供了科技支撑。

人才培养是保障。几年来，中斯水中心积极为斯里兰卡培养专业人才。目前，已培训水务人员18人，医务人员30人。培养研究生9名，其中，博士生5名，受到高度赞扬。

中斯水中心，让斯里兰卡百姓看到了希望。无怪乎斯里兰卡城市规划与供水部部长哈奇姆称赞中斯水中心是"两国以科技合作造福民生的一个标志性、示范性工程"！

▼ 斯里兰卡大象孤儿院

从研究追因到治疗肾病

目前，斯里兰卡仍有约 7 万名 CKDu 患者，每年约 1000 人因此丧生。这种疾病隐匿性强，通常前期无明显临床表现，到发现时就已经是疾病晚期，肾脏功能已无法恢复，并伴随出现高血压、乏力和其他症状，死亡率较高。

CKDu 重度患者在中年男性农民中最为常见。而这些人往往是家里的主要劳动力，一旦得了病，只能靠费用高昂的透析维持生命，这几乎意味着整个家庭的经济支柱垮掉了。许多人都曾亲眼看见亲友或邻居病发后很快就不治而亡，有些病人去世时才 30 多岁。

与 7 万患病群体相对应的是，斯里兰卡全国仅有 20 多名肾病专科大夫。因为医护人员数量有限，无法进行深入细致的病因排查，导致很多患者得不到及时有效救治。

为了更准确地把握斯里兰卡深陷 CKDu 之困的真正原因，中斯水中心邀请中国肾脏病界实力领先的北京大学第一医院、北京疾病控制中心等单位的科研骨干，组成专家团队深入斯里兰卡慢性肾病多发地区。专家团队与当地患者座谈，分析病情，对他们的发病情况、既往病史、家族史、生活习惯等进行考察调研，并对当地饮用水水源、土壤及主要农作物进行样品采集，努力构建肾病监测体系，为确定病因与制定防治措施提供支撑。

北京大学第一医院和中斯水中心还举办了两期肾内科医护技能培训班，通过理论授课、病例讨论、操作见习、参观和科研交流，对斯里兰卡医护人员进行专题培训，协助当地培养慢性肾病诊治专业人才。这些人才回国以后学以致用，开展了多项工作，受到斯里兰卡各方的一致好评和赞誉。

百姓喝上"放心水"

斯里兰卡有一句古话说："降落在斯里兰卡岛上的每一滴雨水，若是还未曾服务人类，都不得流入海洋。"

作为一个多雨的国家，斯里兰卡并不缺水，但饮水安全问题却始终未能得到根本解决。这一次，中斯水中心依靠科技的力量帮助斯里兰卡找到了"放心喝水"的三条路。

第一条路，收集净化雨水。中斯水中心组织中国知名水务企业，在 CKDu 高发的阿努拉德普勒和普塔勒姆地区安装了 20 余套雨水收集与净化装置，受到了当地政府和民众的热烈欢迎。

辛达斯利马萨小学就有这样一套装置。以前，小学生阿尚每天都要背着一个重重的大水壶去上学。因为学校所在地的地下水污染十分严重，无法打井取水。所以，孩子们每天都要自己背着水去学校。自从"中国叔叔"给学校里装了"大绿桶"（雨水收集净化装置），每次下雨，雨

▲ 阿努拉德普勒的农村供水设施

水被储存到那里，经过过滤，就有清洁的水喝了！从此，他们再也不用背着水壶上学了！

从天而降的雨水，经过净化，变成了直接饮用水，这简直像做梦一样。在中斯水中心的帮助下，这个梦想竟然成真了！

第二条路，设立专门的饮用水站。水站采用纳米膜过滤技术，分布在阿努拉德普勒省的部分村庄。目前，水站每天能为 750 名村民提供约 20 吨饮用水。村民们都很满意水的质量。能喝上清洁的水，他们十分感动。饮用水站启用时，整个村子的人集合在一起组织了一场传统仪式。大家先是围在水站旁祈福，然后再尽情享用水站的水。

第三条路，建立净化水厂。在卡蒂哈斯蒂格利亚地区，中斯水中心建立了一个水处理厂，采用电渗析技术为村庄提供清洁水源。这一工程净水能力达到每天 300 吨，能够

▲ 中斯两国专家在纳滤膜饮用水站建设现场合影

为 1500 名居民提供水质优异的饮用水。从水管中直接喝到干净、安全的饮用水，当地居民高兴极了。

放心大口地喝水，这本是多么平常的一件事。对于斯里兰卡老百姓来说，却是期盼多年的心愿。中斯水中心仍在孜孜不倦地探索实践着，因为，这对斯里兰卡而言，具有格外重要的意义。

今天，CKDu 仍然是未解之谜，中国科学家、医务工作者、水务企业的努力仍将继续……

一切，都是为了斯里兰卡人民的健康！

项目概况

2015 年 3 月，中国科学院和斯里兰卡城市规划与供排水部在人民大会堂签署备忘录，开始了中斯两国携手共同攻克不明原因肾病的合作。

2018 年，在中斯两国政府相关部门的重视与支持下，中斯水中心利用中国援助资金在斯里兰卡佩拉德尼亚大学建造科研楼，为 CKDu 追因研究和安全饮用水关键技术研发与应用奠定了坚实基础。

目前，中斯双方围绕 CKDu 追因、饮用水安全保障关键技术、雨水收集与利用关键技术、水资源管理与规划等方面开展了扎实有效的合作。

实现 APEC 梦的友谊之路

作者：胡一峰

[巴布亚新几内亚] 格丽斯·肯尼思

2018 年 11 月 16 日，风光迷人的巴布亚新几内亚（简称"巴新"）首都莫尔斯比港，一条双向六车道的宽阔大道，两侧路灯上挂满了火红的"中国结"，在南太平洋湛蓝的天空下，分外艳丽动人。成千上万名来自巴新各地不同部落的民众身着各色服装，站满道路两旁，有的挥舞国旗，有的翩翩起舞，到处洋溢着喜悦的气氛。

今天是巴新的一个大日子。由中国援建的巴新独立大道正式移交启用！

巴新融入全球梦

巴新政府和民众为何如此重视这条 1.06 公里长的大道呢？答案要从过去 40 多年以来，巴新融入全球发展的热烈期盼中寻找。

巴新是太平洋岛国地区面积最大、人口最多、资源富集的国家，拥有 600 多座岛屿、800 多种当地语言和上千个部落。

1975 年，巴新成为独立国家。

1987 年，巴新加入亚太经合组织（APEC），迄今已有 32 年。巴新总理奥尼尔在一次媒体采访时坦言，巴新加入 APEC 很多年了，但不少 APEC 成员还不是很了解我们。巴新很希望有机会让各国更了解巴新、熟悉巴新。

▲ 巴新国鸟——天堂鸟

　　APEC领导人非正式会议采用成员国轮流举办的方式，这正是让各国了解巴新的好机会。此前，巴新也曾有机会举办领导人非正式会议，但由于当时国内条件不成熟，只能遗憾地与当东道主的机会失之交臂。

　　时间转到2018年，成为APEC领导人非正式会议东道主的机会又一次摆在巴新面前。巴新政府决心要抓住这个展现国家风貌的难得历史机遇，让世界更好地了解巴新。

　　但是，实现这一梦想又谈何容易！巴新首都莫尔斯比港的城市建设还处于完善提升阶段。一方面，城区内道路较少，没有健全且立体化的交通网；另一方面，现有的道路状况较差，通行能力较低，显然无法满足 APEC 领导人非正式会议期间的交通需求。

为筹备此次会议，巴新政府决定对首都莫尔斯比港的多处道路进行改建升级，并新建一条连接议会大厦和市政主干道的独立大道。其中，拟修复升级的机场快速路关系到各国来宾对巴新的第一印象，事关国家形象，重要性不言而喻。独立大道则是峰会期间巴新政府的迎宾大道。

▼ 独立大道移交启用仪式现场

今后它不仅要作为重要的通行道路，还将承担重大外事访问、阅兵和其他国家庆典活动。

2017年10月，巴新政府向中国驻巴新大使馆正式提出申请，请中国帮助建设独立大道和修缮机场快速路。经过多次评估考察和会谈，2018年1月，双方签署会议纪要。这时，离APEC领导人非正式会议召开的时间已经不足一年了。作为此次会议的配套项目，会议开始之前，两条道路必须投入使用。

205天建成友谊路

独立大道和机场快速路能否按时完工，关系到巴新当好APEC东道主、融入全球的梦想能否顺利实现。工期短、任务重成为项目的最大挑战。

中国港湾工程有限责任公司在巴新已有7年工程项目经验，拥有良好品牌美誉度和履约能力，成为这一紧急援助任务的执行者。

这是一场信誉与时间的赛跑。为了承诺，为了荣誉，两国建设者们克服困难，勇挑重担！

独立大道工程长度只有1公里多，但设计为双向六车道，采用100毫米厚沥青混凝土路面，为巴新标准等级最高的道路。机场快速路修缮工程则横穿莫尔斯比港市区，包括新建段，以及为原有路段加铺沥青混凝土。

两大工程集中进行，要在短时间内同时在多个工作面组织上千人到现场施工，这给施工物资供应和安保工作等带来了极大压力。尽管如此，项目组仍在开工之初便建立了创优目标，让质量意识深入每一名参建人员心中。从材料采购、施工方案到现场实施层层把关，严格控制各分项施工质量。

面对任务重、工序多、作业交叉面广等难题，两国建设者克服身体及精神上的巨大压力，连续高强度奋战近 7 个月，终于如期完成了任务！巴新首都地区省长、市长、工程部部长、APEC 事务部部长等多次视察项目进展，给予高度评价。

从正式开工到竣工，独立大道项目用时仅 205 天，这就是让世界瞩目的"中国速度"！

在两国 2000 多名建设者的共同努力下，这条凝结着双方汗水的友谊之路提前顺利建成通车！

APEC 领导人非正式会议如期在巴新举行。身着民族服装的巴新各部落人民，载歌载舞欢迎与会的各方来宾。宽阔平整的独立大道、修缮一新的机场快速路为巴新的国家形象增添了一抹亮色。

▲ 独立大道鸟瞰图

经济发展"先行官"

独立大道和机场快速路，不仅助力了 APEC 领导人非正式会议的顺利举行，还为当地人提供了更便利的交通条件，提升了社会运转效率，为巴新未来经济发展提供了有力支撑。

现在的独立大道不仅成为巴新的交通要道，还成了当地民众喜爱的景点。清晨或傍晚，经常可以见到在这里散步、合影的人们。正如巴新首都地区省长帕克普所说，独立大道的建成通车将是标志性事件，巴新民众数十年内都能从中受益。

改变大家生活的，还有升级改造的机场快速路。这条路连接首都杰克逊斯国际机场和城市中心商务区，每天有几万人依靠这条主干道往来通勤。这个昔日坑洼失修的交通动脉，现在成为助力当地经济社会发展的亮点。

路亚对机场快速路的变化深有体会。以前，路上经常拥堵，他每天都要花三个多小时坐公交车上下班，由于路况较差，路上时常还会遇上交通事故。

现在，路亚坐公交车从家到公司只用半个小时，道路不再拥堵了，乘车的舒适性也因此有了很大改善。"感谢中国！我现在终于可以早点回家陪陪家人了。"路亚竖起大拇指说。

对于行驶在这条路上的公交车司机托马斯来说，交通改善还意味着收入的提高。在巴新，公交车是当地民众出行的主要交通工具。过去，因为机场快速路堵车严重，从他所在的村庄到市区得两个小时，一天最多只能跑两趟。

现在，来回一趟只要三个小时就够了，乘客多的时候一天可以来回三四趟，收入有了明显提高。像托马斯这样的公交司机在莫尔斯比港不在少数。机场快速路的升级，也燃起了他们生活的新希望。

留下一批技术人才

项目开工的同时，对当地员工的技术培训也随之开始。巴新工人把中方技术人员称为"中国师傅"。

丹尼尔就是中国师傅带出来的洋徒弟。之前，由于没有一技之长，他每天只能靠接些散工获得微薄的收入，三个孩子也饥一餐饱一餐。

现在，丹尼尔已经成长为一名熟练的技术工人，拥有了一份比过去高得多的稳定收入。他还在莫尔斯比港的郊区买了一块地，盖了自己的新房子，一家人其乐融融，再也不用为生计日日担忧了。

为了帮助巴新培养自己的土木工程专业人才，学习先进的工程建设知识，为推动当地建设和发展贡献力量，中国港湾还资助了三名巴新留学生到中国的河海大学深造。三名学生留学归国后，也参与到了道路项目中。

这样的培训，不仅让巴新拥有了一批技术人才，而且让民众在服务国家的过程中增强了凝聚力和自豪感，而这正是巴新长远发展的不竭源泉。

中国人常讲"要致富，先修路"。独立大道的建成和机场快速路的升级，生动诠释了基础设施建设作为经济发展"先行官"的丰富内涵，为巴新铺设了一条融入全球的康庄大道。

项目概况

援建巴新道路项目包括独立大道（新建）项目和巴新机场快速路（修缮）项目两个部分，是中国政府援助巴新的重大项目，也是巴新 APEC 领导人非正式会议的配套项目，由中国港湾工程有限责任公司负责建设。

独立大道位于莫尔斯比港国际会议中心及国家议会大楼前，全长 1.06 公里，双向六车道，设计速度为 50 公里 / 小时。机场快速路是 APEC 领导人非正式会议期间各国政府代表团进出莫尔斯比港的主干道，工程任务主要是修缮 8.44 公里的路段。

项目 2018 年 4 月开工，工期仅 7 个月，仍比合同约定工期提前 5 天顺利履约。道路开通后极大缓解了莫尔斯比港交通拥堵情况，为巴新 APEC 领导人非正式会议以及当地民众出行提供了便利，在当地广受赞誉。

俄罗斯的小城故事

作者：张玉雯

[俄罗斯] 谢德赫·谢尔盖·瓦西里耶维奇

位于卡马河畔的切尔尼市，是俄罗斯联邦鞑靼斯坦共和国的一座工业城市。20 世纪 90 年代，受经济形势的影响，这里一些工厂搬走了，工业园也没了往日的热闹。

为了提振经济，完善产业体系，切尔尼市一直在努力招商引资。同时，中国海尔集团也正在积极寻找合适的海外投资机会。

双方的想法不谋而合，经过反复磋商，2015 年，海尔集团决定在切尔尼市基普马斯特工业园投资，建设海尔俄罗斯冰箱厂。

工业园的新生

走进工业园的大门，就能看到一家外墙雪白、占地宽敞的现代化工厂。门前竖立的旗杆高耸在阳光下，显得格外耀眼。

"真是太好了！我以为我再也见不到这一天了！"一位满脸皱纹的老人拄着拐杖，在儿子的陪伴下走进工厂，眼里闪着激动的泪光。

这位老人是康斯坦丁·维克多·彼得罗维奇，许多年前，他曾参与工业园的建设。他目睹了工业园拔地而起，也经

历了工业园发展困难的时期。正因如此,老人才一次次地重返旧地,盼望着再次看到工业园热火朝天的场面。可是,每一次他都抱着希望而来,又不得不带着失望而去。

如今,看到儿子又能在自己参与建造的工业园里,忙碌而充实地工作,老人除了感慨也倍感欣慰。

现在,海尔俄罗斯冰箱厂创造了 800 多个就业岗位,还带动了很多配套供应商进驻园区。

老人知道,属于他那一代人的光辉岁月正在海尔工厂续写,新一代切尔尼人的未来将更加光明。

▼ 海尔俄罗斯冰箱厂生产车间

对海尔的疑虑打消了

当然，重建或新生，从来都不会一帆风顺。

冰箱厂落户切尔尼市，虽然得到了政府的支持，但当地企业和民众一开始却充满疑虑。

"他们要将中国淘汰的落后生产线转移到这里消化。"这是当时流传甚广的一种说法，尤其是一些从未到过中国的老人对此笃信不疑。

不安也同样困扰着附近的另一家冰箱公司，这是当地一家资金雄厚的老牌企业。那阵子，这家工厂的车间里、办公室里经常是流言四起。大家都在担心，海尔会不会跟他们抢业绩、抢市场，企业会不会裁员，员工会不会降薪。

深陷焦虑的不只是普通员工，公司总经理也对未来的强劲对手充满担忧——海尔冰箱的定位是什么？他们的生产技术到底怎么样？一想起这些就很让人头疼。

百闻不如一见，要想打消人们的疑虑，最好的办法是让他们自己亲眼看看。

于是，海尔决定邀请鞑靼斯坦共和国总统明尼汉诺夫亲赴中国总部考察，同时，也邀请当地同行到切尔尼市的海尔俄罗斯冰箱厂参观。

结果，无论是在青岛总部，还是在切尔尼市的工厂，

俄罗斯的客人们都感到十分震惊。先进的生产技术，把员工和用户需求结合到一起的"人单合一"创新模式，还有将全球领先的冰箱生产线引入俄罗斯的发展规划，都深刻地印入他们的脑海。

谜团解开了，所有的疑虑都烟消云散！

2016年4月，热闹非凡的开工剪彩仪式隆重举行。明尼汉诺夫总统亲自参加。高大明亮的现代化工厂里，机器轰隆作响，繁忙的生产线上，几乎全是俄罗斯员工在操作，切尔尼人所有的担心都放下了。

就连"竞争对手"也在一夜之间变成了互利共赢的合作伙伴——当地同行在参观后，当下便决定与海尔开展全

▼ 海尔俄罗斯冰箱厂的现代化生产线

方位的合作，不仅共享了零部件供应商网络，还在海尔的帮助下制订了改造升级生产线的方案。

雪中送炭　以人为本

一到夏天，海尔俄罗斯冰箱厂的生产就进入了高峰。车间里除了机器声还是机器声，大家忙得连喝口水的空闲都没有。

可是，财务主管伊万却没像往常一样坐在办公桌前，而是神情忧郁地躺在病床上。窗外的蓝天是那么明媚，但伊万却没有心情欣赏，他的眼睛直直地盯着天花板。突发脑出血的他动弹不得，也暂时开不了口，只能像这样躺着。

吊瓶里的药液一滴一滴地往下落，无力支付的昂贵治疗费一次又一次刺激着他敏感的神经。

其实，从建厂开始，伊万就在这里工作了，收入也一直不错。但突发的脑出血，打乱了他原本平静的生活。

得知伊万生病后，工厂管理人员立即赶往医院。在了解到伊万的家庭困难后，当即决定组织全体员工为他捐款，并定期轮流探望。

爱是一种神奇的力量。在大家的关心和帮助下，如今

的伊万已恢复健康，重返工作岗位。不同的是，他比以前更敬业了。用他的话说，他要加倍努力工作，报答工厂对自己的关怀。

在冰箱厂，伊万的经历并非孤例。

"在这里工作，我们都觉得很安心。虽然也有酸甜苦辣，但我们知道这里是我们温暖的港湾。"一位员工如是说。

不夸张地说，每一位员工都有他们和冰箱厂独特的故事。因为在这里，人的价值第一，而且这种观念已经内化到每个管理者的心中。

建厂之初，技术工人严重缺乏，工厂就不惜成本将"零基础"的工人们送往青岛总部进行专门培训；生产工作中，工厂积极奖励注重实践创新的各级员工；日常生活中，管理层更注重与员工们面对面的交流，提升员工们的参与感。

▼ 即将出厂的海尔冰箱

如今，在切尔尼市，有许多企业都在借鉴海尔的发展理念。这不仅提高了他们的生产效能和工作效率，更培养了一批业务水平一流、可以独当一面的技术骨干和管理人才。

他们正是切尔尼市未来发展的希望和力量。

小城焕发新生机

如果你有机会去切尔尼市，面对当地人轻松惬意地用中文向你问候"你好"，你一定不要感到奇怪。

"兹德拉斯特伟杰！"如果你能这样笑着回答他，那当然更好了。因为你会收获更多的微笑和善意。

如今的切尔尼市，各式小店如雨后春笋般冒出来，重新装修过的饭店里更是人声鼎沸，街道上也出现了很多外来居民。这座小城又焕发了新的生机。

这一切，当然都与海尔有莫大关系。

海尔的配套本地化极大地促进了当地产业发展。

自海尔落户切尔尼市，已带动 25 家当地供应商为其配套生产，产品零部件本地化率已达 69.2%。海尔还主动对合作伙伴进行无偿培训，帮助他们提高生产能力和服务意

识，让参与到供应链中的企业更快适应、共同成长。随着海尔俄罗斯冰箱厂的发展壮大，越来越多的相关企业也追随海尔，相继在这里投资设厂，满足了切尔尼市产业多元化发展的需求。

海尔的创新本地化也更好地满足了当地百姓的需求。

比如，研发团队发现，俄罗斯人喜欢炖菜、煲汤，这些菜式往往需要很长的烹饪时间，一锅菜一次也吃不完，他们就喜欢连锅一起放进冰箱。为此，海尔为当地销售的冰箱设计了一档可以折叠的搁物架，折起来后可以将两格并作一格，高度足以放入锅具。困扰人们已久的问题终于迎刃而解。

▼ 切尔尼市街景

2019 年 8 月，切尔尼市政府决定，工业园区附近的街道以海尔的名字命名。

这是对海尔这些年努力付出的最好评价。

项目概况

2015 年，海尔集团在切尔尼市基普马斯特工业园投资 5000 万美元建立海尔俄罗斯冰箱厂，主要从事冰箱制造及销售业务。该项目于 2015 年 5 月动工，2016 年 4 月正式投产，预计 2019 年产能将达到 50 万台。

海尔俄罗斯冰箱厂带动了当地供应商更新升级生产设备、扩大生产规模、提高服务质量。此外，经海尔推荐和带动，已有衡均设备制造有限公司、合肥吉星机电有限公司等多家中国配套供应商在切尔尼市投资建厂。

为表彰海尔俄罗斯冰箱厂对当地经济发展做出的贡献，鞑靼斯坦共和国投资发展署和切尔尼市政府分别授予其"卓越企业荣誉证书"和"突出贡献奖"。

2018 年 5 月，海尔集团又在切尔尼市跨越式经济发展区建立了海尔工业园，占地 127 公顷。园区首个项目——海尔洗衣机厂同月动工，拟于 2019 年第三季度投产。未来，还将有电视机、电热水器、冷柜、厨电制造工厂和第二个冰箱工厂入驻园区。海尔工业园的壮大，将为当地经济社会发展注入新的动力。

吉布提引来幸福之水

作者：胡一峰

[埃塞俄比亚] 门达·泽克莱

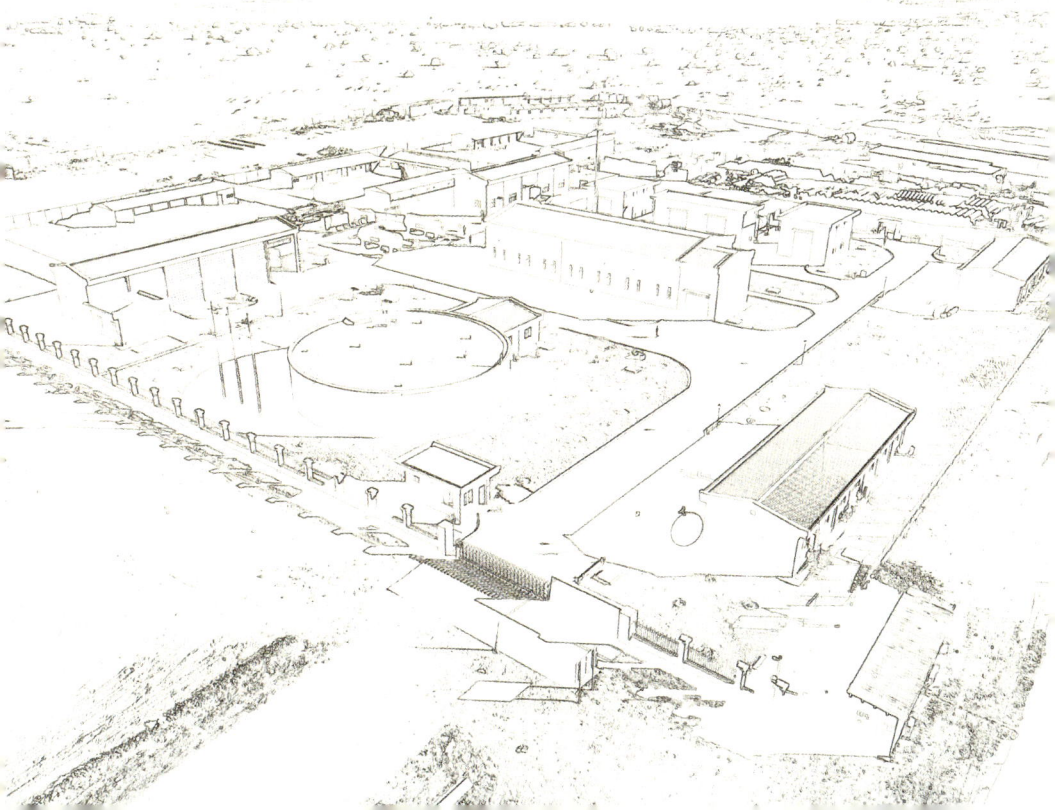

在阿法尔语中，吉布提的意思是"沸腾的蒸锅"。当地终年炎热少雨，淡水资源非常紧缺。人均可循环利用的水资源总量仅为353.4立方米/年，在所有东非国家中最低，也低于500立方米/年的国际极度缺水标准线，属于世界上最严重的缺水国家之一。

吉布提人对清洁饮用水的渴望非常强烈，政府对此也十分重视，一直在想办法找水源，但始终未能成功。

直到2017年，由埃塞俄比亚、吉布提及中国三国共同合作推进的埃塞俄比亚—吉布提跨境供水项目最终完成，吉布提严重缺水的状况终于得到了缓解。

跨境供水从构想走向现实

吉布提共和国位于非洲东北部亚丁湾西岸，北与厄立特里亚为邻，西部、西南及南部与埃塞俄比亚毗连，东南同索马里接壤。全国90%的土地都是戈壁荒漠。倘若从首都吉布提市驱车往西，沿途尽是裸露的岩石，只有稀疏的骆驼刺在石砾之间顽强生长。

吉布提境内没有一条常年流水的河流，老百姓喝的饮用水95%以上取自地下水。由于受海水侵蚀，这些水盐量高、硬度高，因此，当地老百姓极易患上肠道疾病、心血管疾

病和结石症。即便这些水也不是随处都能喝到的。很多住在吉布提市郊的人每天都要骑着骆驼，走 30 公里到水站去取水，往返一趟需要大半天的时间。

改变的希望悄悄萌发于吉布提财政部和中国中地海外集团的共同构想——在"东非水塔"埃塞俄比亚寻找水源，

▼ 吉布提的骆驼刺

跨境输送到吉布提。构想一经提出，吉布提就积极主动与埃塞俄比亚和中地海外集团签订了协议。埃塞俄比亚支持吉布提政府启动跨境供水项目，并为吉布提提供 30 年免费的地下水资源。中地海外集团派出专业团队进入埃塞俄比亚索马里州的库伦河谷地区深入考察，确定建设方案。在三方的共同努力下，跨境供水逐步从构想走向现实。

"沸腾的蒸锅" 不再焦渴

跨境供水的愿景虽然十分美好，但真正实现起来仍有很多意想不到的问题。

2017 年 4 月的一天，早上 8 点，跨境供水项目经理李振准时来到工作岗位上。他的心情激动又紧张，因为他马上要开始一场重要的"考试"。即将竣工的供水项目从今天起就要进行全线冲洗和通水测试，这场"考试"的成败关系到吉布提民众能否用上清洁的水。

李振把 300 多公里的运水管线分为若干段，逐段进行供水、试压、冲洗、消毒，在连续几个小时内看到水质清澈后，一段管线才算冲洗干净，允许流入下一段管线。光是从井区到库伦泵站的第一段管线，就持续清洗了近两天。

在那段日子里，李振的工作时间基本都是早 8 点到次

▲ 管道及阀门井测试

日凌晨。每一天，李振都盯着地图上标注的水头沿着管线一段一段地向前移动，兴奋而忐忑地等待着每隔 30 分钟就会响起的短消息提示声。那是工作群里各岗位上的值班人员在例行汇报水头到达的位置、管线冲洗的情况和管线安全的状态！

　　5 月的吉布提令人意外地下了一场暴雨，将位于阿尔塔镇地界尚未做加固处理的两公里主管道全部冲毁。当时，水头已经接近埃塞俄比亚和吉布提边境，为确保全线测试连续不间断，保障原定于 6 月中旬的通水仪式按期顺利举行，李振紧急调派三个管道施工班组，轮流施工、挑灯夜战，人换机不停。经过连续三天的抢修，成功地更换了全部管道，如期完成了任务。

新井测试

"埃塞俄比亚地势起伏，输水线路需要翻越几处高地。要把水从低处引向高处，这是极具难度的。在中国公司承接这个项目之前，我不相信有人能够完成。"在吉布提海关工作了 30 年的侯赛因曾这样忧心忡忡地说道。

事实证明，他的担忧不无道理。从项目正式启动到全线通水并正式移交，800 多个日日夜夜，项目团队一直在烈日黄沙中和时间赛跑。300 多公里的管线，三级提升、五级降压，如此高的管内压力，管材制造、运输、仓储、安装，任何一个环节出现问题，都可能前功尽弃。

但是，这些都难不倒、吓不住施工人员。他们突破思维定式，采取各种安全的、可行的、经济的方法，以过硬的施工技术和杰出的施工质量，让吉布提民众心心念念的"幸福之水"按时送到了目的地。

2017 年 6 月，吉布提阿里萨比镇天气晴朗，数百人盛装出席了在那里举行的跨境供水项目通水仪式。他们围绕在水龙头周围，用非洲大陆独有的韵律与节拍尽情欢唱。

吉布提总统盖莱发表了讲话，他赞扬了中国和埃塞俄比亚两国为吉布提国计民生做出的伟大贡献，并邀请两国驻吉布提大使及一众政府官员、国际友人走到水龙头前。盖莱总统打开水龙头，一泓清水喷涌而出。他露出了满意的微笑。

这是历史性的一刻！

除了供应吉布提城镇居民的日常用水，项目还将陆续为很多企业提供水源，促进吉布提经济的发展。

打造地区性的航运和商业中心，步入中等收入国家行列，这是吉布提的"2035年愿景"。有了供水工程的支持，"沸腾的蒸锅"不再焦渴，国家发展画卷徐徐展开，"2035年愿景"正一步步转化为现实。

▼ 人们取水的场景

跨越国界的情谊

埃塞俄比亚号称"东非水塔",境内湖泊众多。但因为缺少技术支持,要把这些看起来触手可及的"水"真正利用起来,并非易事。即便地势低洼、地下水丰富的库伦地区,老百姓用水也很不方便。为此,项目团队特意在供水管道的埃塞俄比亚段设置了四个取水点,便利当地居民。

住在达瓦雷镇的亚丁就是受益者之一。

达瓦雷镇位于埃塞俄比亚和吉布提的边境,这里是漫无边际的戈壁。世代在这里居住的人们,已经习惯了赶着驴子,长途跋涉地去取水,供给人和牲畜的日常饮用。

▼ 戈壁中的取水点

自从项目团队在达瓦雷开设了取水点，亚丁再也不用为运水发愁了。她的女儿还专门写了一篇作文叫《达瓦雷的驴子笑了》，虽然文笔稚嫩，却生动地反映出了供水工程带给当地人的福祉。

跨境供水项目还改变了很多……

小伙子艾哈迈德以前靠放牧为生，逐水草而居。过去，如果要种庄稼，只能依靠雨水。在雨季可以种一点玉米，旱季就什么都种不了。现在，他们可以从泵站引水了。于是，艾哈迈德和六个小伙伴，办了个小农场。上半年种西瓜，下半年种洋葱，收入有了很大提高。

艾哈迈德觉得，正是因为有了水，他的生活才出现了奇迹。

在埃塞俄比亚取水点的周边地区，每天都在发生"达瓦雷的驴子笑了"和"艾哈迈德的奇迹"这类动人的故事。

为邻国人民提供水源，也让埃塞俄比亚人民成了项目的受益者。这真是印证了那句古训——赠人玫瑰，手留余香！

在埃塞俄比亚索马里州的蚂蚁山上，海拔970多米处，有一座5000立方米的圆形水池，这是跨境供水项目全线的最高点。来自水源地的水从这里流过埃塞俄比亚，再流向吉布提百姓家中。

这是"幸福之水",她润泽了干涸的土地,润泽了两国人民的心田。这也是"希望之水",她承载着埃塞俄比亚和吉布提人民对未来安定、富足的美好生活的向往。这更是"友谊之水",她把中国和东非地区有着不同肤色、不同语言、不同文化的国家人民的心紧紧连在一起,展现了他们实现共同发展的决心!

项目概况

埃塞俄比亚—吉布提跨境供水项目是一个由埃塞俄比亚、吉布提及中国三国共同合作推进的东非区域内互联互通项目。项目由中地海外集团负责建设。2017年6月,实现全线通水并正式移交。

供水项目自埃塞俄比亚库伦河谷区域的水源地通过28口深井取水,经消毒处理后,横穿埃塞俄比亚东部严重干旱地区,依次为吉布提的阿里萨比地区、迪基尔地区、阿尔塔地区以及吉布提市供水。敷设管道总长度(含配水管道)约374公里。

项目集三级加压泵送提升、逾200公里长距离重力流管道运输、远程信号传输和自动控制为一体,是目前非洲最大的单体供水项目,在非洲可谓史无前例。

西哈努克省建起工业新区

作 者：胡一峰

　　[柬埔寨] 松梦后

　　柬埔寨的西哈努克省，拥有得天独厚的海岸风光，柔软的沙滩，湛蓝的海水。从美丽的海港向东驱车 12 公里，就能看到一座现代化的工业新区，车流如梭，人流如织。

　　这里，就是被当地人称为"金饭碗"的西哈努克港经济特区。得益于特区的发展，2018 年，西哈努克省人均年收入达到 3358 美元，居柬埔寨全国领先地位。柬埔寨王国首相洪森参加了特区的奠基典礼，而且多次到特区视察，对特区的发展予以高度关注。

▼ 西哈努克港海滩风光

荒滩上打造"金饭碗"

特区原来是一片荆棘丛生的荒滩，无路、无水、无电、无网，所在的默德朗乡贫困率超过 60%。村民主要靠种植农作物和打猎为生，过着靠天吃饭的日子，一年下来全家人只能赚回一头牛。

在这样的一片荒滩上建设现代化园区绝非易事，特区建设者克服了很多预想不到的难题。没有电，先用柴油发电机发电；没有水，先自己打井抽水；没有房，先建简易工房居住。尽管一年中有半年的时间都是雨季，园区建设也没有停顿。

▼ 西哈努克港经济特区所在地原貌

建设中的困难，还有很多——头一天筑起的围墙，第二天就倒了，一些施工器械也莫名地坏掉……

是工程管理不严？还是有人故意捣乱？

经过一段时间了解，特区建设者终于找到了原因——原来，当地村民担心荒地被开发后，就没有免费的牧场放牛了……

为了消除村民的顾虑，建设团队走乡访村。他们向村民们保证：优先推荐村民到区内企业就业，提供技能培训……

"保证让你们三个月就能赚回一头牛！"

▼ 西哈努克港经济特区现状

▲ 西哈努克港经济特区周边村庄今昔对比

　　就这样，战胜了重重困难之后，特区在这片荒滩上拔地而起，并且也兑现了当初项目组对村民的承诺。

　　作为特区培养出的"高级蓝领"，钱索廷感触颇深。过去，他做过建筑工人、打过零工、出海捕过鱼，但更多的时候是失业在家，没有收入。

进入园区企业红豆国际制衣公司工作后，钱索廷有了稳定的收入，更通过钻研学习成为一名优秀的生产线小组长。他摸索出一套有效的工作方法，被命名为"钱索廷工作法"，张贴在车间公告栏里，供大家学习借鉴。

钱索廷自豪地说，到特区工作是他人生的转折点，也是人生的新起点。现在，他的妻子、弟弟都在特区上班，一家人收入稳定，还买了面包车，日子也一天天好起来了。

在特区工作，让很多"钱索廷"从"靠天吃饭"转变成了产业工人。如今，他们捧上了"金饭碗"，生活状态彻底改变了，幸福指数也大大提高了。

携起手走好产业路

特区不仅为当地百姓提供"金饭碗"，而且在建立之初，就按照特区产业发展与当地经济社会发展深度融合的思路，绘制了清晰务实的发展蓝图。

特区还与当地政府一起，为企业提供全方位的服务。"一站式"窗口为企业入驻发展提供便利，法律服务中心为企业提供专业法律咨询，劳动力市场协助企业招工……

随着纺织服装、箱包皮具等各行业企业相继入驻，产业链逐步延伸，配套体系渐趋完善，这里日渐成为一座充满活力的工业新区。

　　来自欧洲的爱尔兰马装厂是一家以生产马装和相关骑马服饰为主的企业，在全球享有较高知名度。作为最早入驻特区的企业之一，公司投产以来，产销两旺。负责人说，特区的面貌日新月异，生产经营环境不断改善，人气越来越旺。这让他下定决心在这里扎根。

　　来自中国的科莱雅皮业（柬埔寨）有限公司是一家现代化皮革制品企业，入驻特区仅一年多时间，企业规模就扩大了一倍。而且，科莱雅还带动了海绵、木制品、纸箱等上下游配套企业入驻，初步形成了家居用品产业链。

▼ 西哈努克港经济特区综合服务中心大楼

如今，建设者们正在全力打造特区 2.0 升级版，吸引龙头企业和重点项目，带动上下游配套企业入驻，实现园区从企业招商向产业链招商的转型。

工业新区的幸福人们

盛西维家住默德朗乡。几年前，她进入特区企业工作，当了翻译，见习期每月就能拿到 300 多美元工资。这份工作改变了她的人生，为此，她给自己取了个地道的中文名——陈秀丽。

如今，陈秀丽家的木头房已经变成了砖房，家具电器一应俱全，一家人都对特区非常感激。特区也改变了他们一家人的生活。

学电器维修的索恒本来在西哈努克港市区开店，特区的成立让他看到了商机，随即就把店铺开到了特区旁的布腾村。

随着特区的不断发展，他的生意也越来越红火，每月有近 500 美元的收入。这让他特别庆幸当时的决定。提到特区，他更是万分感激："现在店里生意越来越好了，谢谢特区给我带来这么多生意。"

当时，西哈努克省省长曾到特区周边村庄"微服私

访"。村民们开心地告诉他，自从特区建成后，大家有了好工作，收入增长了，村里的治安也得到大幅改善。省长由衷感慨："特区对柬埔寨的经济，尤其是对西哈努克省经济的带动作用非常大，它的发展使周边村民的生活水平都得到了很大提高。"

今天，学习在特区、工作在特区、生活在特区、幸福在特区，已经成了人们的共识。

有困难欢迎找特区

在特区周边村庄一直流传着这么一句话，"有困难，找特区！"在日常生活的点点滴滴中，特区与当地百

▼ 默德朗乡小学教室原貌

姓结下了深厚友谊。

早在建设初期，西港特区公司的年轻员工就经常利用自己的业余时间，去默德朗乡小学免费教课。这所小学校舍破旧，因交不起电费，连教学用电都无法保障。西港特区公司了解情况后，主动为小学缴纳电费，改善教学环境。

在柬埔寨，公立学校的学生从一年级到十二年级的学费、书费都由政府提供，家长每年只需支付约 100 美元的学杂费。即便这样，有些贫困家庭还是无力承担，有些学生因家庭经济困难被迫辍学。为此，西港特区公司发起了爱心结对帮扶活动，公司员工以"一对一"形式，资助品学兼优但家庭生活困难的学生。如今，学校已没有贫困生了。

西港特区公司还配合江苏省政府为学校新添了电教室、

▼ 默德朗乡小学教室现状

教学楼、篮球场、供水平台及图书室，捐赠了体育器材和新衣服。高武提校长高兴地说："如今，我们已经是这里教学设备最先进的学校了。"

为了让当地百姓能顺利成为专业的产业工人，西港特区公司开展了职业技能培训，开设英语、汉语、管理、贸易、会计、计算机、物流等多个专业，累计培训学员4万多人次。

洪森首相有一次到特区视察，关心地询问工人的工资情况。一名工人回答说："我每个月可以拿到450美元，因为会说中文呀！"洪森首相随即问工人："那你知道中文的'我爱你'是什么意思吗？"工人脱口而出"I Love You"。

特区每年都向柬埔寨红十字会捐款，向当地灾民捐赠大米、饮用水等。自2015年起，西港特区公司先后5次配合中国援外医疗队在西哈努克省开展免费医疗巡诊活动，近8000名当地患者得到了诊治。

如今，走进特区，可以看到喧嚣的工业大道两边规划整齐的厂房。特区外热热闹闹的商铺、一幢幢新盖的村民小楼和楼前停着的小汽车分外惹眼，人们有说有笑，一张张充满朝气的脸上写着幸福和满足。

他们的美好生活在这里实现，他们也将与特区一起，朝着更加广阔的未来前行。

项目概况

西哈努克港经济特区位于柬埔寨西哈努克省波雷诺县，毗邻柬埔寨最大海港西哈努克港，由红豆集团等中国企业联合柬埔寨国际投资开发集团有限公司共同开发建设，总体开发面积 11.13 平方公里。

自 2013 年以来，特区发展进入快车道，入区企业数量明显增加。截至 2018 年底，已有来自中国、欧美、东南亚等国家及地区的 153 家企业入驻。其中，工业企业 139 家，主要涉及纺织服装、箱包皮具、机械、电子、木地板等行业。区内累计实现投资额 6.57 亿美元，总产值累计 10.01 亿美元，创造就业岗位 2.2 万多个。

西非"水塔"变"电塔"

作者：胡一峰

[几内亚] 福若莫·德尼斯·萨诺

纸币通常被视为"国家名片",折射出一个国家的社会文化,也是国家展示形象的重要媒介。因此,纸币上图案的选取向来非常讲究。

在几内亚,面值最大的 20000 几内亚法郎背面图案是中国企业建设的卡雷塔水电站。纸币发行时,卡雷塔水电站的建设尚在最后攻坚阶段。还没投入运行就登上了纸币图案,这不但在几内亚是第一次,在世界上也是少有的。

▲ 20000 面值的几内亚法郎背面图案是卡雷塔水电站

有意思的是,5000 几内亚法郎背面图案也是一座水电站。那是中国在 20 世纪 60 年代援建的金康水电站,是几内亚独立后建设的第一座水电站。

▲ 5000 面值的几内亚法郎背面图案是金康水电站

几内亚素有西非"水塔"之称。半个多世纪以来，中几两国同心携手发展几内亚的水电事业，帮助几内亚逐步实现从西非"水塔"变西非"电塔"的梦想。

西非"水塔"的电站梦

几内亚是西非三条主要河流——尼日尔河、塞内加尔河和冈比亚河的发源地，至少拥有 600 万千瓦的潜在水电资源。利用水力发电，是几内亚几代人的梦想。但是，由于经济基础薄弱，无力大规模开发，几内亚水力资源开发率长期偏低。

以前，几内亚的电力供应非常紧张。即使是首都科纳克里，一天停电几十次也是家常便饭。

2015 年，卡雷塔水电站建成后，情况大为改观。不仅解决了首都科纳克里长期电力短缺问题，周边广大地区也直接用上了水电站输出的电能。科纳克里市场上还曾出现家电采购潮，一些商店的电视机、冰箱都脱销了。

老百姓的生活也有了很大变化。以前，一到晚上，村民卡马就早早地上床睡觉了。现在，他置办了电视机和音响设备，经常和朋友们围在一起看足球直播，为自己支持的球队助威喝彩。到了周末，他还会和其他村民一起举行聚会，在有灯光的广场上尽情地唱歌跳舞。

回想起水电站发电仪式的情景，他依然非常激动。

那天，几内亚传统音乐回荡在卡雷塔水电站上空，人们随着音乐载歌载舞。女子头包彩色头巾，男子头扎红色飘带，伴随着非洲鼓特有的韵律，跳着欢快的舞步，尽情表达心中的喜悦。"几内亚总统和非洲十几个国家的领导人、部长和驻几内亚大使，一共有 2000 多人参加了发电仪式的庆典呢！"卡马的脸上露出开心又满足的笑容。

▼ 孔库雷河美景

是啊，早在 20 世纪初，几内亚就有了建设卡雷塔水电站的规划，但一直未能得偿所愿。现在，这个百年梦想终于实现了！

孔库雷河畔同心曲

卡雷塔项目是几内亚第一个大型水电工程，基本上没有现成经验可循。

卡西亚村村长杜拉说："我一直在孔库雷河上管理水文站。最早中国工程人员来这里勘察，都是我做向导。但村民们谁也不相信孔库雷河上能建这么大型的水电站。"

村长的话并不夸张，卡雷塔水电站建设确实遇到了很多意想不到的困难。

首先，人和材料进场就是一大难题。

起初，从科纳克里到项目现场，只有一条土路，中途还横亘一条 200 多米宽的巴蒂河，来往车辆要靠轮渡。项目启动后，需要做的第一件事就是铺路架桥，打通项目建设交通线，以便大型设备物资和人员能够顺利进场。

项目正式开工不到半个月，贝雷临时桥就建好了，坑洼路也变成了宽阔的平坦路。这条路不仅为项目建设创造了便利条件，也实实在在方便了当地百姓。自从有了这条路，粮食、香蕉、炭火等就能够方便地运到科纳克里、杜布雷卡等大城市出售，村民的收入提高了。他们还特意跑到项目现场，用充满当地特色的歌声和舞蹈，向中国朋友表达内心的感谢。

其次，缺乏施工材料，又是一大难题。

当地工业基础比较薄弱，仅有四家水泥厂。大部分设备、材料都需要从国外采购。为此，项目建设企业中国三峡集团中国水利电力对外有限公司调动全球供应商合作网络，迅速完成了设备和物资采购，基本保障了工程进度需要。水轮发电机等大型机电设备还实现了提前进场。

再次，技术要求高、施工环境复杂又是一个拦路虎。

除了建设水电站这一重头戏外，项目还包含城市和农村电网改造、变电站和输电线路搭设、公路桥梁施工等多个工程，涉及从拦河筑坝、引水发电、输电变电，到送电到户的方方面面。整个施工战线长达 160 公里，从人烟稀少的热带丛林，到星罗棋布的乡村，再到人口聚居的首都，各种复杂的施工环境让人应接不暇。

一分耕耘，一分收获。项目团队克服了各种困难，最终确保了整个工程的如期完成。

▲ 卡雷塔水电站全景

死神面前不放弃

奋斗在一线的建设者们面对的不只有各种施工难题，更有艰苦的工作条件，甚至还有死亡疫情的威胁。

几内亚常年酷暑难当。在异国他乡的红土地上，建设者们挥汗如雨。每天工作结束后，工作服都会渗出一层白色汗碱。

疟疾也是他们必经的考验。在项目建设期间，95%以上的中国员工都感染过不同程度的疟疾，有的甚至连续发病多次，备受煎熬。

更让人害怕的是，他们还面临着"死亡之神"埃博拉的威胁。2014年初，埃博拉病毒首先在几内亚发现并确认。随着埃博拉感染死亡病例数不断攀升，恐惧笼罩着西非多国。驻几内亚的外资企业纷纷撤离，部分航空公司停飞了几内亚航线。

尽管疫情如此严峻，但卡雷塔水电站工地上的中国身影却依然照常忙碌着。在埃博拉疫情肆虐期间，他们是少数没有离开几内亚的外国人。

参与了现场施工的赛古记忆犹新，"我不会忘记那时候依然坚持在建设前线，依然顽强坚守在工作岗位的中国人。他们没有被病毒吓退，他们没有放弃我们。"

卡雷塔项目经受住了疟疾和埃博拉等严峻考验，紧张而有序地向前推进，最终实现电站提前半年全面投产，输变电工程比电站更早结束调试，提前解决了电能输出通道问题。

不抛弃、不放弃，正是这种责任感和使命感，让中国企业赢得了几内亚政府和民众的赞誉。

独乐乐不如众乐乐。完成水电站建设的同时，项目团

队还积极投身当地公益事业。

在新建的足球场上，响起的是中几双方员工的加油和呐喊；在工地附近修建的清真寺里，响起的是当地信徒黎明的祷告；在崭新的现代化教室里，响起的琅琅读书声更像是未来发展的交响曲。

"上善若水，水善利万物而不争。"在中国朋友的帮助下，几内亚这座西非"水塔"正在变成名副其实的西非"电塔"，给几内亚乃至西非的经济发展注入强大的动力。

▼ 卡雷塔水电站奏响未来发展的交响曲

从金康水电站到卡雷塔水电站，中国人民始终与几内亚人民一道携手前进，为实现能源强国梦共同努力。它们就像两座镌刻着友谊的丰碑，用不竭电力和深厚情谊共同照亮了几内亚的夜空，也点亮了几内亚未来发展的希望之光。

项目概况

目前，中国通过不同的方式已支持几内亚建设了多个水电站。

卡雷塔水电站是几内亚政府重点开发的能源项目。主要工程内容为建设总装机容量24万千瓦的水电站，搭设225千伏配套输变电线路。该项目由中国三峡集团中国水利电力对外有限公司负责建设，历时3年，于2015年建成投运。卡雷塔水电站装机容量相当于该电站建成前几内亚全国的总装机容量。该电站的建成投产，使几内亚的可运行装机总量翻了一番，至少400万人口直接受益，相当于几内亚全国总人口的1/3。

金康水电站位于几内亚科库罗河金康瀑布上游皮塔区，为中国援建。1963年开工，1966年建成，为季调节水库引水式电站。1988年第一次大修，2006年第二次大修（改造），扩容为4×850千瓦，平均年发电量16×10^6 千瓦·时。

杂交水稻授人以粮

作者：张玉雯

[巴基斯坦] 默罕默德·里兹万·尤尼斯

每公顷 10.8 吨！

抽样测产结果一公布，马达加斯加人们激动极了。

马义奇镇，中国农业技术专家种植的 5 公顷杂交水稻，此时正是金黄一片，丰收在即。

每公顷 10.8 吨，这是当地水稻产量的 3.6 倍。

人们充满好奇，想知道这奇迹到底是怎么发生的。

种子选择有讲究

马达加斯加位于印度洋西南角，与非洲大陆隔海相望。其国徽上方是国树旅人蕉的枝叶，下方是当地民众奉为神明的水牛，周围环绕着稻田和稻谷。可见，农业在马达加斯加占有多么重要的地位。

马达加斯加约有 2500 万人口，其中，超过 80% 的人从事农业生产。水稻是马达加斯加的主要农作物，全国 290 多万公顷作物种植面积中，水稻的种植面积为 150 万公顷，占了一半有余。但稻米产量一直不高，仍有近 200 万人面临饥荒的威胁。

马达加斯加农业畜牧业和渔业部部长认为，种子是农作物的胚胎，决定着水稻产量。而马达加斯加水

稻发展最主要的困难就是缺少优质的种子和技术。

　　作为非洲第一大岛，马达加斯加有近 60 万平方公里的国土面积，可耕地的利用率却仅有 10%，土地开发潜力巨大。

▼ 马达加斯加杂交水稻高产示范田

不过，这里分布着热带雨林、热带草原、热带高原、半干旱等四种各不相同的气候。相应地，水稻种子也就需要适应多样的生态环境。

这样的种子到哪里找？

中国专家给出了答案。早在十多年前，中国育种专家胡月舫就来到马达加斯加，并且几乎跑遍了这个岛国所有的水稻种植区。在中国工程院院士袁隆平的指导下，胡月舫带领团队成功培育出三种适合当地土壤、气候条件的高产杂交水稻种子，并通过马达加斯加政府的审定。

"只要杂交水稻面积推广达到全国的 15%，马达加斯加就能实现大米的自给自足。"胡月舫坚定地说道。目前，马达加斯加已将发展杂交水稻作为实现粮食自给乃至粮食出口的主要手段之一。

2019 年，中国国家杂交水稻工程研究非洲分中心在马达加斯加成立，这是非洲第一家由企业运营的杂交水稻研究中心。中心除了培训农技人员，还系统地扶持当地的种子公司，搭建销售网络，降低制种成本，让更多普通农民能买得起、用得上高产的杂交水稻种子。

相信在不久的将来，杂交水稻技术将帮助马达加斯加实现粮食增产增收，甚至可能从现在的粮食进口国转变成出口国。"杂交水稻，受益的不仅是马达加斯加，更是整个非洲！"

水稻种植有妙招

阿巴斯是巴基斯坦信德省小镇古拉奇的一名农场主。以前，他以为只要把种子撒到地里，就可以回去休息了。

直到种植水稻的中国专家来了，他才知道水稻种植还有那么多的门道。比如，人工干预是必不可少的有效手段。不管是"赶粉"还是"除杂"，都是为了优化种植、提高产量。如果在开花赶粉时，能够加快稻穗摇摆的频率，加大摇摆的幅度，那么花粉撒播的范围就会更广，授粉率提高了，产量也就相应提高了。

教会他这些技术的中国专家叫蔡军，虽然只有 30 岁出头，但已经在巴基斯坦工作两年多了。

"开始时，我可不信这些，我们深信上天会保佑庄稼的收成。可是，每到农忙季节，蔡军还是会坚持最早赶到农田，锲而不舍地教我们中国的水稻是怎样种的。"

在蔡军的带动下，古拉奇的农民们逐渐接受了这些新手段。一轮又一轮插田、分秧、除杂，忍受着烈日当头、水蛇蜥蜴为伴的辛苦，最终，收获的时节到了！

3000 多亩水稻的亩产量从毛重 500 公斤提升到了 900 公斤，产量增长了近一倍！

直到这一刻，阿巴斯和农民们才终于露出了笑容。

▲ 中国专家与巴基斯坦专家共同考察示范田

"今年的宰牲节我们要好好庆祝一番，因为粮食丰收，我们有了更多收入。我要感谢蔡军，感谢中国专家们，要不是他们，我可能还一直认为自己是对的！"

宰牲节那天，阿巴斯热情地邀请蔡军和同事们去家里一同庆祝，并将最大份的肉送给了他们，用最质朴的方式表达了对中国专家和中国杂交水稻种植技术的认可！

杂交水稻虽然与常规水稻在农艺性状上没有任何区别，但是播种用种量少，更为经济。目前，巴基斯坦杂交水稻种植面积已占全国水稻种植总面积的50%。2018年，巴基斯坦已跻身为全球第四大稻米出口国，为解决全球人口温饱问题做出了积极贡献。

未来的农业主力军

  袁隆平农业高科技股份有限公司参与杂交水稻援外项目已长达 20 年了。2017 年，他们又开始了为期三年的援塞内加尔第六期农业技术项目。在工作中，项目组专家们始终都在思考一个问题："培训做了这么多年，除了学员数量不断增加，援助工作怎样才能做得更加有效？"

  "塞内加尔是个农业国，农村人口占绝大多数。如何让他们学会并使用先进的农业技术，脱贫致富，关系到塞内加尔未来的发展。塞内加尔正在大力推进振兴计划，其中食品生产自给自足计划是重点。这一切都离不开先进的农业思想和技术支持！"专家组的老师们记得，塞内加尔农业部培训司努阿先生曾说过这样一段话。

  于是，大家一致决定了"传播一种理念，留下一片沃土，教会一批技术"的总体思路。培训的对象也要双管齐下，就是要同时提高农民和大学生的能力。

  农民们过去的经验多，但创新办法不足。虽然每天都与土地打交道，却往往很难接受外来的、新的技术观念。对他们而言，更新知识结构和培养创新精神同样重要。

  比如，在改善庄稼生长环境的问题上，说服当地农民就费了很大工夫。在塞内加尔农村，过去，土地因为大量使用化肥导致土壤板结严重，对作物生长和收成都极为不利。"土地是农作物的根，直接决定了种植成果的好坏。"这是中国专家们经常强调的一点，但很多当地农民却对此不以为然。

为了优化土地，中国专家们经过详细分析研究，决定采用有机肥。他们手把手地教农民如何改良土壤结构、培

▼ 塞内加尔水稻种子收割仪式

肥地力。土地条件改良后，农作物的产量和品质有了明显提高。农民们开始慢慢接受中国专家的意见。

阿里是塞内加尔当地的一位农民，住在桑加尔卡姆镇的中国农业示范基地附近。自从跟着农业组学习了先进种植技术，他的收入比以前高了很多。

阿里在言谈中充满了对中国技术的崇拜，"这些专家们的技术非常实用，不花哨，好学好用，效果很明显，这才是我们真正需要的帮助！"

▼ 长势喜人的杂交水稻

目前，项目组已经提纯复壮了六个当地常规水稻品种，推广了两项软盘育秧、抛秧的实用技术。这些新品种和新技术受到了当地农民的热烈欢迎，为当地农业注入了新的活力。

大学生们对工作富有热情，思维比较开阔，善于接受新技术和理念。在充分掌握正确的实践经验和先进管理知识后，可以成为农业领域优秀的管理人才。

奥马尔就是一名接受了中国农业技术培训的大学生。他说："中国专家组带来的不仅有新技术，也有新理念。生产、收割、储存、加工、销售，产业链越完整，效益就越大。这简直使我茅塞顿开，这样的理念对于塞内加尔来说也是全新的。我想我们需要这样的新理念来摆脱贫困！"

从 2018 年到 2019 年 4 月，援塞内加尔农业项目共免费培训了 175 名来自达喀尔大学的学生，为塞内加尔农业发展培育了高水平人才。

以杂交水稻技术为代表，中国农业对外援助的范围和规模不断扩大，不仅提高了受援国农业的发展水平，还大大缓解了粮食短缺的状况，为人类消除极端贫困做出了积极贡献。

项目概况

从 20 世纪 80 年代至今，中国通过开展各类农业援助项目，已经为 80 多个发展中国家培训了 14000 多名杂交水稻技术人才。目前，全球有 40 多个国家和地区实现了杂交水稻的大面积种植，每年种植面积达到 700 万公顷，比普通水稻增产 20% 以上。

从 20 世纪末开始，隆平高科、袁氏种业等公司先后在巴基斯坦、马达加斯加、塞内加尔等国家进行杂交水稻品种的选育，成功培育出多种适合当地条件的高产杂交水稻种子。不仅满足了当地的粮食需求，还帮助部分国家实现了粮食出口。

非盟有了"议事厅"

作者：马李文博

[埃塞俄比亚] 范塔洪·米歇尔

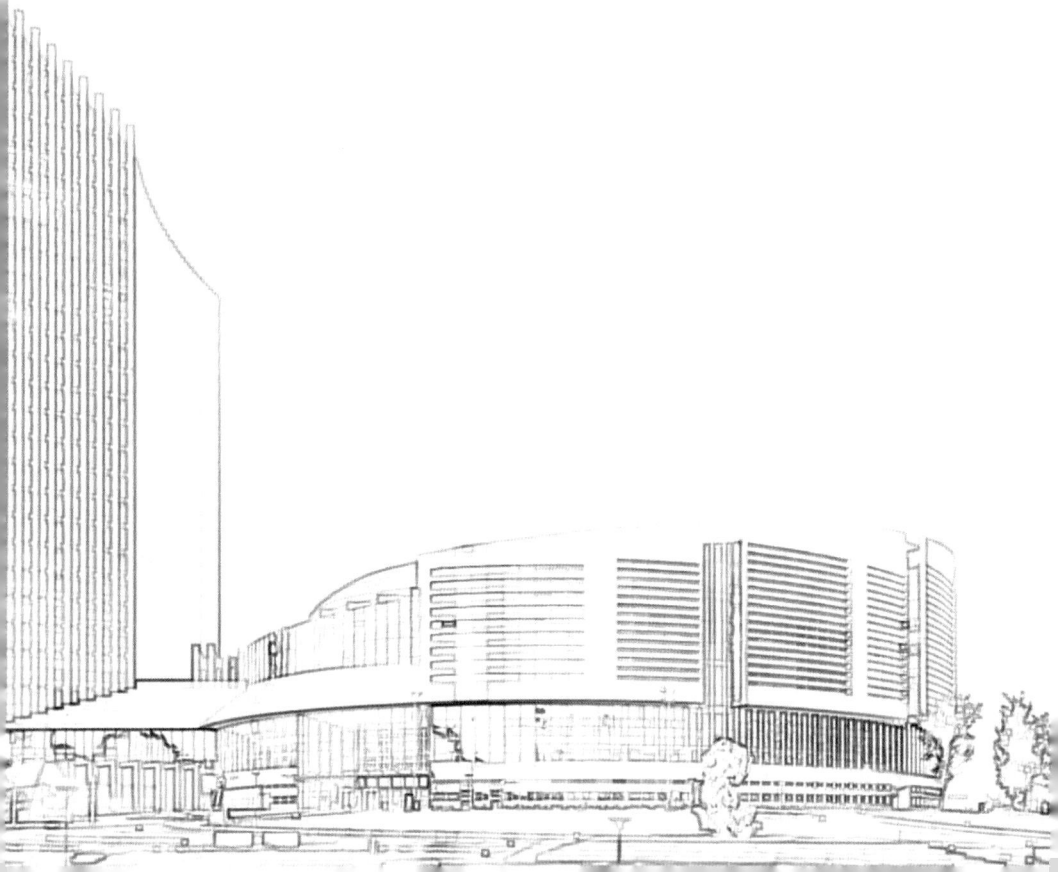

在"非洲屋脊"埃塞俄比亚高原上，亚的斯亚贝巴的天际线不再只有群山，一组雄伟的环形建筑群拔地而起，让人们对非洲的未来充满了希望。它就是由中国援建的非洲联盟会议中心。

非洲联盟（简称"非盟"）在维护和促进非洲大陆和平与稳定、推行改革和减贫战略、实现非洲发展与复兴等方面，发挥着至关重要的作用。

建设非盟会议中心对促进非盟更好发挥作用具有重要意义，同时，也寄托了中国人民对非洲发展复兴的美好祝福。

非盟盼望有个"议事厅"

非盟成立于 2002 年 7 月，前身是成立于 1963 年的非洲统一组织，现已有 55 个成员，是集政治、经济、军事、文化、社会等为一体的全洲性实体。

自成立以来，非盟积极推动各成员加强基础设施建设，吸引外资和争取援助，促进非洲大陆经济一体化，推动非洲以更为积极主动的方式融入全球化进程。

非盟首脑会议是非盟最高权力机构，每年都会举行国家元首和政府首脑级会议。但在非盟会议中心建成之前，

非盟总部最大的一个会议室也仅有不足 500 个座位。非盟每次召开峰会，不得不借用可容纳 800 人的联合国非洲经济委员会的会议中心应急。

即便这样，在新闻记者的镜头中，会议现场依然显得十分拥挤。有的随同人员站在墙边听会，记者们要蹲在地上、围在非盟主席身边向他提问。

非盟一直渴望有一个属于自己的现代化、综合性大型会议中心，结束借用其他地方召开首脑会议的历史。

2006 年 11 月，中非合作论坛北京峰会，各国领导人共商推动中非关系发展、促进发展中国家团结合作的大计。非盟会议中心一事提上议事日程。中国宣布无偿援建非盟会议中心，支持非洲国家联合自强和一体化进程。

"议事厅"建好了

在即将成立十周年之际，非盟搬入了"新家"。

非盟会议中心作为非盟的新总部大楼，包含办公、会议、接待、媒体发布、医疗急救中心等多项功能，达到了与联合国、欧盟等国际组织的会议中心相一致的使用标准。

代表们无法掩饰他们的兴奋和欣喜——

现在，再也不用像以前那样在会议室外的走廊上小声商议。他们可以在小会议室或 VIP 会议室畅所欲言，也可以在足够宽敞、能容纳 2500 多人的大会议厅内交谈。

高速网络是他们大脑的延伸，同传设备是他们更为灵敏的耳朵，话筒让他们的声音更加清晰有力，表决器则代表了他们的意志。远程会议设备、现场录音录像等功能则保障了跨区域会议和重要信息的备份收集。

当摄像机自动追踪到发言嘉宾，影像会被投放到大屏幕上，全场人员都能清晰地看到。

会议期间，代表们体验着这座功能完备的现代化会议中心的高质量服务，商讨并做出对非洲大陆影响至深的重要决定。

▼ 非洲联盟会议中心全景图

开会之余，他们可以移步至仿佛镶嵌于大自然之中的中庭，在明亮的主门厅艺术墙边欣赏浮雕《升腾》中描绘的非洲大陆的辉煌传说。

非盟会议中心建成后，见证并保障了非盟一系列重要会议的召开和重大决议的诞生。

2013 年，第 21 届峰会通过了《非盟 / 非统 50 周年宣言》，表明了要将 21 世纪变为非洲的世纪的决心。

2014 年，第 24 届峰会审议了关于启动"三方自由贸易协定"谈判的报告。

…………

2019 年，第 32 届峰会对非洲难民以及非洲大陆自由贸易区建设等问题进行了磋商。

作为非洲历史上最重要的公共建筑之一，非盟会议中心已成为当地的地标性建筑。虽然亚的斯亚贝巴的大街小巷很多还没有名字，但百姓们已开始习惯用它来辨别方向。

美美与共的设计

会议中心整个建筑群呈 U 字形结构，寓意用双手共同托起非洲未来。建筑围绕同心放射开来，寓意非洲各国的团结与非盟的辐射力。主楼建筑高度为 99.9 米，象征着 1999 年 9 月 9 日的"非洲联盟日"。主楼竖向线条自下而上一气呵成，象征非洲的崛起。

非盟会议中心采用了很多先进的建筑技术与材料，体现了环保节能的建筑理念。

为了实现大会议厅椭球结构的精致与轻灵，以及环形中庭的张力与技术感，建筑采用了钢结构。有高度变化和韵律感的曲线钢梁，形成阶梯形采光窗，使得整个环形大厅不需要人工照明与空调。

事实上，除了少数会议厅，包括主楼办公楼在内的公共空间里都不设空调，也不需要人工采光，对自然风与自然光的利用令整幢大楼能耗极低。

亚的斯亚贝巴雨季的降雨量非常大，有时还夹带冰雹，椭球与环形中庭的屋面幕墙防水经受了严峻考验，完全达到了设计要求。

项目总设计师是同济大学建筑设计研究院（集团）有限公司总建筑师任力之。这座备受非洲人喜爱的建筑虽然出自中国建筑设计师之手，但设计团队在一开始就对非洲的文化背景、非盟的角色和作用等方面进行了深入的研究，并邀请了在同济大学就读的非洲留学生参与方案讨论，征求他们对建筑方案的意见和建议，了解非洲民众对建筑形式和色彩的审美偏好。结合对建筑功能与总体关系的进一

步理解，对建筑形态进行了有针对性的调整和优化。

最终的设计方案充分考虑了非洲的地域性特点和非洲人的审美要求，获得中方与非盟方的一致认可，被确定为中标实施方案。

在建筑内部，会议中心门厅艺术墙引人注目。这幅名为《升腾》的雕塑作品专为非盟而作，主题表现崛起的非洲精神，象征初升的太阳升腾在富饶沃土之上；金属非盟标志象征团结、和平、进步；火焰状光环、羽毛状的升腾象征希望，象征着发展和无限的生命力。以艺术墙为背景的会议中心门厅深受各国领导人喜爱，成为他们会后合影留念的最佳选择地。

这座属于非洲、助力非洲发展的建筑，赢得了非洲人民发自内心的喜爱，在电视上、报纸上、网页里，各方都竖起了大拇指。一位当地官员说："建成那天，我感到非常非常震惊，我没法用语言表达我的赞美。"

手牵手保峰会

埃塞俄比亚的气候就像这座建筑一样简洁分明，只有旱雨两季。会议中心项目建筑材料部分需要进口，而且30个月的工期遭遇了整整三个雨季，这让如期完工变得非常困难。

235

为了保障项目建设，加快施工速度，当地在建筑材料进口、建筑工人保障方面给予了很多便利。在各方的通力协作下，非盟会议中心顺利完工。

除了保证建设质量，做好运营维护对会议中心也非常重要。项目完工交付后，中国技术援助组继续留下来，提供技术支持，帮助当地培养技术人员，保障会议中心设施设备正常运行，保障各项重要会议顺利召开。

在项目组的帮助下，越来越多的本地技术人员担负起了为会议中心"保驾护航"的任务。

助理工程师奥力嘎就是这样一名本地技术人员。起初，面对复杂的电气问题，他一次次打起了退堂鼓。在技术组的鼓励和引导下，他一面努力学习电气知识，一面努力学习中国师傅的技术经验，最终成了非盟中心的电气专家。

▼ 非洲联盟会议中心大会议厅

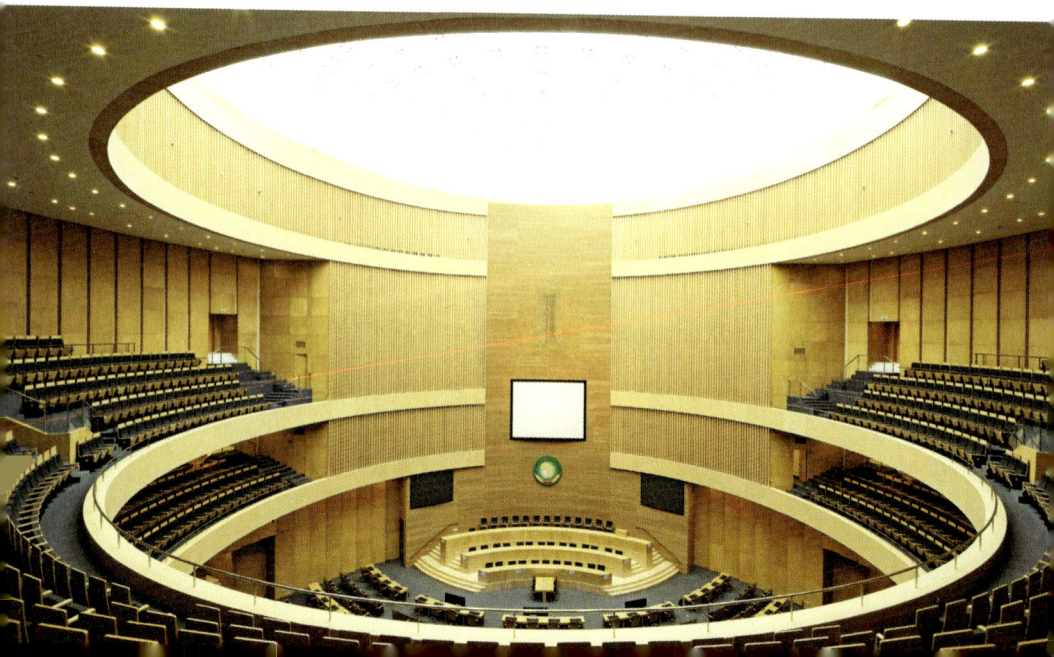

　　有好几次，都是在深夜，因为市政供电不稳，会议中心强电系统出了故障。为了保证第二天的会议正常进行，住在附近的奥力嘎总会第一时间抵达现场，与中国技术专家一道排除故障、解决问题。经历了无数次大型会议保障工作后，现在，他的技术水平已经大大提高了。

　　为了让当地人能够尽早独立承担大型会议的保障工作，技术组把每一次大型会议都当作一次现场实战教学，手把手地传授技术。在没有会议的时间里，技术组也会培训当地一线操作员和维修工。到目前为止，已累计为埃塞俄比亚培训了 260 多名专业技术工人，带动就业 2000 余人。

　　一名当地操作员说："为了与我们沟通，加快我们的学习进度，工程师们专门学习了我们的语言。这几年，我掌握的技术越来越多，工程师们会说的词汇也越来越多。"

　　如今，在会议代表步入会场之前，各会议厅的同声传译指示灯已经点亮，电梯在等候指示，会场大屏幕已显示图像，网络和通信信号满格，安保系统全面启动。在双方技术人员的共同努力下，会议中心像一部精密的自动化机器一样开始运转。

　　非盟每年度的第一次首脑会议举办时间都在中国农历新年前后。为了保障首脑会议顺利召开，中方的技术人员不能与家人团聚，共度新年。

　　54 岁的张锁新是常驻技术组成员，自非盟会议中心顺

利移交并投入使用,他已经连续七年没有回家过年了。"峰会期间绝对不能掉链子,必须全力以赴!"

为了保障非洲各国首脑的"大团聚",技术组的中方人员就这样一次次地牺牲了自己和家人的"小团聚"。

"那是一艘大船!"

"不对,是一扇大门!"

"不,它更像一艘太空舱!"

▼ 非洲联盟会议中心外景图

　　三个埃塞俄比亚小孩在非盟会议中心前争得不可开交，他们在想象这组建筑更像什么。

　　无论它像什么，对于非洲而言，都预示着更加灿烂的明天。这片广袤的土地，曾经孕育了最古老的人类文明，而今，中国人民正与非洲人民携手合作，共同创造更加美好的未来！

项目概况

　　非洲联盟会议中心项目是中国政府继坦赞铁路后对非洲最大的援建项目，由同济大学建筑设计研究院（集团）有限公司负责设计、中国建筑股份有限公司负责建设。

　　非洲联盟会议中心项目位于非盟总部所在地亚的斯亚贝巴市。总占地面积约 11 万平方米，建筑面积 50537 平方米。办公楼高 99.9 米，地下 1 层，地上 20 层。会议中心包括一个 2500 多个座位的大会议厅、697 个座位的中会议厅，以及小会议厅、VIP 会议室、多功能厅、紧急医疗中心、数字图书馆等。

　　非盟轮值主席、非盟委员会主席及多个非洲国家领导人曾表示，中国援建的非盟会议中心，体现了中国对非洲的深厚友谊和对非洲联合自强的坚定支持。

比雷埃夫斯港的"神话"

作者：宋冉

[希腊] 塞诺斯·里亚古斯

　　希腊雅典西南约 10 公里，是碧海蓝天的比雷埃夫斯港（以下简称"比港"）。从地图上看，比港濒临"海上十字路口"的爱琴海，辐射欧洲大陆、中东和非洲，位置十分重要。公元前 5 世纪，一位名叫希波达穆斯的建筑师设计了这个港口，在当时及之后相当长一段时间里，比港成为希腊乃至欧洲最繁华的港口之一。

　　有关比港的故事如灿烂星辰一样繁多。古希腊戏剧家阿里斯托芬曾经这样描写比港："人们朝着船长周围的人群叫喊，纷纷购买皮革、皮带、罐子，或者大蒜和橄榄油、成网的洋葱、花环、凤尾鱼……船首的雅典娜雕像是镀金

▼ 爱琴海风光

的。码头下面，充斥着锤子敲打木钉的声音、钻桨孔的声音、芦笛和排箫的声音、水手长的声音以及鸟叫声。"

那时候，比港人声鼎沸，商旅不绝，繁华之景，一时无两。

然而，这个"扼守通道之地"的重要港口却在全球金融危机的巨大冲击下黯然失色。直到中远海运参与港口经营后，比港才再度焕发了勃勃生机。

文明融合添活力

早在公元前 5 世纪，中国的丝绸就已经由斯基泰人通过海路运到鼎盛时期的比港，再销往希腊各地。在历史悠远漫长的交往合作中，中华文明和希腊文明相映生辉。中远海运能够迅速融入比港运营，文化融合与民心相通起到了至关重要的作用。

十多年前的全球金融危机，让比港经历了"至暗时刻"。所有人都在降薪和失业的阴影笼罩下焦虑不安，罢工、堵门、破坏的事情时有发生。绝大多数设备得不到及时维修和保养，使用记录也不知去向；集装箱堆场混乱不堪，靠港船舶压港严重，港区门口卡车堵塞长达 5 公里；一批批船东弃港而去，客户几乎流失殆尽……

　　恢复秩序、稳定人心、提振业务……多重考验摆在中远海运面前。

　　进驻伊始，中远海运就发布《告员工书》，管理层郑重承诺：中国管理团队不会拿走这里的一草一木、一石一柱。比港过去属于、现在属于、未来也将永远属于希腊人民。中远海运管理团队不会超过七名中国人，其他所有岗位都属于希腊员工。

　　管理层是这样说的，更是这样做的。

▼ 比雷埃夫斯港集装箱码头

接手港口经营后，中远海运与本地员工一起奋力开拓。当地市场有限，管理层就带着大家集中精力拓展国际市场；货源不多，就设法多拉中转货物；设施老化，就亲力亲为带头抢修更换……员工看在眼里，记在心里，疑虑在逐渐消除，人心在迅速凝聚。

员工午餐不方便，公司就提供免费午餐并让员工自主管理餐厅。为弘扬中希文明相近的"家"文化传统，新年时邀请工人们参加聚会，为员工家中学习优秀的孩子们颁发奖学金……如沐春风的管理方式，让信任升级为融合，进而转化成更加强大的发展合力。

"他们不是来抢我们饭碗的，反而创造了更多就业机会。不到半年，比港就开始连续单月盈利了，他们做到了多年来我们想做而没有做到的事情。"如今已是公司商务经理的塔索斯充满敬意，心悦诚服。他从 16 岁起就一直在比港工作，亲历了比港的兴旺、衰落和新生，最清楚人们对中国企业从疑虑到信任再到融合的全过程。

看着一天天走向繁荣兴旺的比港，公司索赔部经理尼古劳斯无限感慨，"我们希腊有句谚语，'从智慧的土壤中生出三片绿芽：好的思想，好的语言，好的行动'。中远海运将东方智慧与希腊文化完美结合，他们用先进的理念、有效的沟通、踏实的行动，尊重并守护了我们希腊人的千年比港情怀，让比港的未来无限光明。"

比港的新生

维塔利船长是意大利那不勒斯人，为一家船舶公司服务已经十多年了，他的工作就是往返于地中海一带运送各种物资。他熟悉这条航路上大多数港口，见证了比港翻天覆地的变化。

回忆起之前停靠比港的经历，维塔利船长认为太糟糕了！当年他满载着一整船的汽车到达比港，等待引导船就耗费了很长时间。好不容易靠岸卸货，车辆却被众多海鸟"折腾"得面目全非。还有漫长的等待，等待拖船，等待出港……这些都让维塔利船长非常头疼。

如今再来比港，情况大不相同。离港还有一段距离，就收到泊位通知，引导船即时迎接入位。靠岸后，大型的转运设备和轻便的运输车辆，加上行动迅速的装卸工人迅速到位，大大提高了工作效率，减少了等待时间。码头设置了智能驱逐海鸟的设备，再也不会发生货物被海鸟污染的情况。离港前 1 小时，港务部门还会对船舶安全进行仔细检查，引导船早已提前准备就位。

"比港现在的管理非常好，各种服务都在改进，装货、卸货、离港、靠岸、拖船、领航、维修等都井井有条。服务水平和硬件设施在整个欧洲也是一流的。"维塔利船长一边在休息区惬意地喝着咖啡，一边对比港的今非昔比赞叹不已。

▲ 比雷埃夫斯港全景

　　经过十年的辛苦耕耘，中远海运在这个拥有无数古老神话的国度创造了现代版的"比港神话"。二号、三号码头先后得到翻建和扩建；配备世界一流的装卸运输设备，管理服务有了质的飞跃；"集装箱码头""邮轮码头""汽车码头""修造船""渡轮码头"以及"物流仓储"六大业务板块先后投入运营，形成了覆盖航运、港口、综合物流的整条产业链。

　　散失的船东重新回到比港。集装箱航运业的三大联盟都已成为比港的长期客户，保证了每月挂靠船舶 200 艘次的稳定业务量。他们还带来了 15 条远洋主干航线、51 条欧洲地区支线等更多资源。

2018 年，比港集装箱吞吐量已经从中远海运参与经营前的 68 万标箱提升至 491 万标箱，在全球港口中的排名由第 93 位跃升至第 32 位；桥吊装卸速度从每小时 15 标箱提高到 27 标箱，位列欧洲港口前茅。比港还可以同时装卸 5 艘 14000 标箱以上的超大型船舶，世界最大型的 21000 标箱船舶挂靠作业也完全没问题。

2018 年，比港累计实现收入 3.3 亿欧元，利润总额 7318 万欧元。面对比港如此靓丽的成绩单，时任希腊议长武齐斯表示，希腊坚定地认为希中在比港项目上的合作是积极的、平等的，对希腊是重要的帮助。

▼ 桥吊正在卸载集装箱

中欧陆海快线联通海陆

长久以来，尽管占据优越的地理位置，又身为希腊最大的港口，比港却只是一个纯粹的本地港，停泊在此的船舶只是以此为终点站。中远海运接手后，不仅让比港扭亏为盈，还有力地支持了希腊以比港为依托，建设区域交通、能源和服务枢纽的目标。

索福克勒斯是出生在比雷埃夫斯市老城区的一名出租车司机，他对家乡的变化感受最深，每次谈起来都神采飞扬。"我每天穿行在大街小巷，没人比我更熟悉这座城市。

▼ 阳光下的比雷埃夫斯市

不过，这几年，这里的发展实在太快了，连我这样的老司机都得花很长时间才能记得住新站点、新建筑。"

以前，索福克勒斯主要在老城区拉活，乘客不多，车程也不远，每天早早收工。二号、三号码头相继扩建后，来往于城区和码头的乘客越来越多，他越来越忙，收入也噌噌往上涨。"比雷埃夫斯的变化，还得感谢来自遥远东方的中国人。他们有礼貌、有知识。所有这一切要是来得再早一些就更好了！"

索福克勒斯道出了很多人对家乡变化的感受和心声，而这些变化随着一段铁路的开通，将更加令人振奋。

比港连接着数条海上航线，海上运来的货物，在比港靠岸后，如果通过铁路运送到欧洲内陆国家，运输时间将比其他传统路线大大缩短，费用也大大降低。

为此，中远海运整合海上航线网络与比港枢纽港建设两方面的综合优势，启动中欧陆海快线，将传统西北欧海铁联运的运输周期缩短了 7 ～ 11 天。目前，中欧陆海快线每周运行班列已经达到 17 班，覆盖了 9 个国家 1500 个内陆点，让整个欧洲内陆的连接更加高效、便捷了。

尽管金融危机给希腊的发展带来重重困难，但希腊政府仍通过私有化国家铁路公司提高铁路运营效率，为中欧陆海快线的开通提供了重要支持。

希腊总统帕夫洛普洛斯这样评价比港："比雷埃夫斯港是从中国和亚洲进入欧洲的重要枢纽，中远海运在比港的投资是双方和谐相处、互利共赢的一个典范。"

一样的勤劳勇敢，相近的文化内涵，两个古老文明在数千年前各领风骚，在数千年后共创传奇。在中希两国的共同努力下，比港正一路高歌猛进，创造着更加耀眼的荣光。

项目概况

比雷埃夫斯港是全球 50 大港口之一，是希腊最大、地中海第二大港口。比港是欧洲大陆距离远东最近的深水大港，是船舶驶往大西洋、印度洋、黑海的中转港，海陆交通连接巴尔干、黑海、南欧、西欧、中东欧、中东及非洲等地区。

中远海运通过竞标获得比港二号、三号集装箱码头 35 年的特许经营权，并在此基础上成立中远海运比雷埃夫斯集装箱码头有限公司 (Piraeus Container Terminal S.A.，简称 PCT) 。

之后，PCT 投资翻新二号码头，又投资建设三号码头东侧及西侧工程。

2016 年，中远海运与希腊共和国资产发展基金签署了"比雷埃夫斯港务局多数股权交易完成备忘录"，使运营范围从二号、三号码头扩大至整个比港。

后 记

在共建人类命运共同体的强大力量感召下，共建"一带一路"国家每天都在上演着不同的人生喜剧，每天都在产生着众多的精彩故事。

一段段动人故事，在讲述实现梦想的共同行动；一副副鲜活面孔，在分享幸福美好的共同感受。

承载着渴望与梦想、辛勤和汗水，由商务部组织编撰、商务部国际贸易经济合作研究院（简称"商务部研究院"）具体编辑的《共同梦想——"一带一路"故事丛书》第一辑，历时一年，终于与读者见面了。

丛书编撰过程中，

得到了许多领导同志的关心指导，

得到了相关部门和驻外使领馆的大力支持，

得到了众多企业的积极配合，

得到了媒体朋友和国际友人的鼎力相助，

…………

在此，致以衷心的感谢！

共建"一带一路"正走在高质量发展的路上，精彩故事每天都在继续。丛书将陆续推出后续分辑与读者分享。

我们满怀激情，以高度的责任感从事编撰工作，但难免考虑不周、水平有限，难以尽善尽美。不足之处，敬请读者理解包容。

图书在版编目（CIP）数据

共同梦想 . 第一辑 / 商务部研究院编 . -- 北京：
中国商务出版社，2019.10（2020.6重印）
（"一带一路"故事丛书）
ISBN 978-7-5103-2971-5

Ⅰ . ①共… Ⅱ . ①商… Ⅲ . ①"一带一路"－国际合
作 Ⅳ . ① F125

中国版本图书馆 CIP 数据核字 (2019) 第 221594 号

"一带一路"故事丛书（第一辑）

共同梦想
GONGTONG MENGXIANG

商务部研究院 编

出　　版：中国商务出版社
地　　址：北京市东城区安外东后巷 28 号　　邮　编：100710
总 发 行：中国商务出版社发行部
网　　址：http://www.cctpress.com
邮　　箱：cctp@cctpress.com
排　　版：北京世纪舒然文化发展有限公司
印　　刷：北京联合互通彩色印刷有限公司
开　　本：787 毫米 × 1092 毫米 1/16
印　　张：16.75　　　　　　　字　数：168 千字
版　　次：2019 年 10 月第 1 版　　印　次：2020 年 6 月第 3 次印刷
书　　号：ISBN 978-7-5103-2971-5
定　　价：69.00 元

.